藏传佛教五大教派名僧传

噶当派

拉科·益西多杰　编译

青海人民出版社

图书在版编目（CIP）数据

藏传佛教五大教派名僧传.噶当派/拉科·益西多杰编译.--西宁：青海人民出版社，2018.9（2021.4重印）
ISBN 978-7-225-05649-4

Ⅰ.①藏… Ⅱ.①拉… Ⅲ.①格鲁派—僧侣—列传—中国 Ⅳ.① B949.92

中国版本图书馆 CIP 数据核字 (2018) 第 217944 号

藏传佛教五大教派名僧传·噶当派

拉科·益西多杰　编译

出　版　人	樊原成
出版发行	青海人民出版社有限责任公司
	西宁市五四西路 71 号　邮政编码：810023　电话：（0971）6143426（总编室）
发行热线	（0971）6143516 / 6137730
网　　址	http://www.qhrmcbs.com
印　　刷	陕西龙山海天艺术印务有限公司
经　　销	新华书店
开　　本	889 mm × 1194 mm 1/32
印　　张	4.75
字　　数	80 千
版　　次	2019 年 7 月第 1 版　2021 年 4 月第 2 次印刷
书　　号	ISBN 978-7-225-05649-4
定　　价	29.00 元

版权所有　　侵权必究

目　录

尊者阿底峡大师
　　——噶当派开派导师　007

仲敦巴·嘉瓦郡乃
　　——噶当派创始人　016

库敦·宗哲雍仲
　　——阿底峡三大弟子之一　024

仁钦桑波
　　——后弘期最负盛名佛经翻译家　028

嘉·宗哲僧格
　　——噶当派早期一著名翻译家　033

瑜伽士阿尼·绛曲仁钦
　　——热振寺第二任大法台　036

俄·勒贝喜饶
　　——桑普寺创建者　039

臧贡巴·旺雪坚赞
　　——热振寺第三任座主　043

博多瓦·仁钦赛

　　——噶当派经典支系传出者　047

普琼瓦·宣努坚赞

　　——噶当派教诫支系传出者　052

堆隆巴·仁钦宁布

　　——堆隆赞卓寺创建者　055

金厄瓦·次程巴

　　——噶当派教授支系开派者　060

朗日唐巴·多杰僧格

　　——噶当派著名佛学家　064

俄·洛丹喜饶

　　——著名翻译家　069

芮邬素巴·益西贝

　　——噶当派著名修禅大师　073

侠尔瓦·云丹扎巴

　　——噶当派无与伦比的大格西　078

夏域哇·循努沃

——夏域寺创建者　083

拉隆旺秀

——教理佛学大师　088

朗隆巴·尊哲元努

——夏域寺第三任大法台　093

拉·卓维衮波

——著名大教主　097

恰巴·却吉僧格

——"辩经"制度首创者　101

夏·切喀巴·益西多杰

——切喀寺创建者　106

杜敦·罗哲扎巴

——纳塘寺创建者　111

钦·南喀扎巴

——噶当派一切智者　115

侃隆巴·仁钦僧格

——寺院建设功勋者　118

觉丹柔贝热智

——最早大藏经及目录编纂者　122

洛扎堪钦·南喀坚赞

——第三十一代菩提道传承者　125

措纳巴·喜饶桑波

——修持"律经广疏"权威者　130

热译师·多杰扎巴

——大威德五传中首传宗师　134

后　记　145

噶当派

噶当派

噶当派是藏传佛教派别之一,除宁玛派外,为后弘期诸派中产生最早的一个教派。"噶当"一词是藏语的音译,意为"佛语教诫"或"佛语教言",即将佛经的一切内容看作是佛对僧人修持全过程的具体指导。藏传佛教后弘期初期,学法僧人中,重密法者轻显教,重师承者轻经论,重戒律者则反对密法,致使教法修行次第混乱,显密分歧。阿里王意希沃重礼迎请印僧阿底峡大师入藏弘法。当时阿底峡针对西藏佛教现状,著了《菩提道炬论》,阐明显密教义不相违背之理和修行应遵循的次第。仲敦巴·嘉瓦郡乃拜其为师,学到显密各种教法,并同卫、藏各地首领共议,迎阿底峡至卫、藏各地传法。溯本求源,阿底峡尊者发其宗绪,仲敦巴开其派规,博多瓦、金厄瓦、普琼瓦三昆季弘其流传,朗日唐巴、侠尔瓦、夏域哇等扩其繁衍。当阿底峡去世后,门徒多依止仲敦巴修行。藏历第一饶迥之火猴年（1056年），仲敦巴创建热振寺为其根本道场，后形成噶当派，所以仲敦巴成了噶当派的创始人。其流派中又分为教典、教授、教诫三个支系。由博多瓦传出的一支称教典派，意思是这一支派在噶当派中比较重视佛教经典的学习；普琼瓦传出的一支称教诫派；金厄瓦传出的一支称教授派。其中最盛行的是教典和教诫两个支派，这即是噶当派的教义。

随着教典、教诫、教授三个支派的出现，又出现了许多噶当派寺院。其中主要寺院有热振寺，这是噶当派的母寺，也是主寺。博多瓦修建的博多寺，夏域哇修建的夏域寺，杜敦罗哲扎巴修建的纳塘寺，夏·切喀巴修建的切喀寺，以及岗岗寺、金岗寺、达坚寺等，以后随着教派的发展，噶当派的寺院遍及藏区。

噶当派是以修学显宗为主，兼习密宗法。显宗经典主要有"噶当六论"，即以《本生论》和《集法句经》为起信之本；《菩萨地》和《大乘庄严论》为修定之本；《入菩萨行论》和《集菩萨学论》为行道之本，加上阿底峡的《菩提道炬论》，又有"噶当七论"之说。另有阿底峡所著主讲"正见"的《二谛论》和《中观要诀》，主讲"行持"的《摄行炬论》和《摄行论》等。《噶当师徒问道论》是噶当派最具代表性的著作，其所修习的密法经典主要是《真实摄经》等。

噶当派

　　噶当派还有著名的"噶当七宝",即释迦牟尼、观音菩萨、度母、不动佛四本尊与经、律、论三藏,总称"七出世法"。噶当派也有新旧之分,将11世纪至13世纪,由仲敦巴至宗喀巴以前的噶当派称旧派;15世纪,宗喀巴大师以噶当派作风行状及教义为基础,增益中观正见及密乘方便而形成的格鲁派称新噶当派。由此可见,新旧噶当派主要是以时间先后划分的。因新噶当派是在旧噶当派教义的基础上发展起来的,两者之间的教义、教法人们很难区分,所以格鲁派兴盛后,噶当派很自然地融入格鲁派,原噶当派寺院纷纷改宗为格鲁派,噶当派也就不复存在了。

尊者阿底峡大师
——噶当派开派导师

尊者阿底峡大师，古印度高僧大德、大班智达，法号燃灯吉祥智，于藏历水马年（982年）诞生在东印度帕哈喀拉（今孟加拉国达卡）地方。父亲格瓦贝是萨霍尔国的国王，母亲华摩沃色，生有三子，他为次子。他们的国家十分富裕，父王拥有显赫权势，他们住在豪华的宫殿里。当阿底峡出生时，天神驾着祥云从上空撒下天雨瑞花，上空出现五色彩虹、悦耳仙乐等奇异吉兆。出生后父母取名为达瓦宁波，意为"月藏"。王子长相惹人喜爱，面似十五满月，宽额黑眉，明亮的眸子，唇红齿白，国王和王妃十分喜爱。

小王子5岁时就会诵经，能流利地背诵《伽陀颂》。离王宫不远处有一座佛教寺庙，一次寺内举行盛大佛事法会，国王和王妃应寺庙之邀，带着王子乘坐豪华轿辇前去观礼，有五百人马为其护驾。到寺庙前下轿后，当着众人之面,他对父母说:"要是有一天让这些百姓建立善业根基,信奉佛教正法,跟我们一样富有该有多好啊!"为此,人们为一个刚懂人言的稚童说出这样的话而感到惊叹。在寺庙中,父母向三宝佛敬献供养鲜花后祈祷道:"请神佛保佑人主长寿无恙,有享受不尽的财富,后世不堕入恶趣(地狱),重转人世。"而月藏王子却祈祷道:"得暇满转生王子,无暇人主见三宝,敬三宝再三顶礼,今日始已受皈依,不再受俗家缚束,入僧列获得佛法资粮,戒傲慢供祭佛法,发慈悲滋润众生。"王子祷祝毕,聚集在这里的百姓顿时对小王子肃然起敬。《噶丹宝籍》中说这是阿底峡在幼年时第一次说法。

10岁时他学习各种法术,同时学习工巧明学、医方明学、声明学、因明学、内明学和修辞学、星象学等,15岁时已精通因明学和声明学。从此佛学已在他的心灵上打下了烙印,开始厌烦宫廷的生活。父母看在眼里,经常让宫中美女乐队弹唱歌舞,并从王族闺秀中挑选了很多美女,让他挑选,准备为其成婚,以笼其心,继承王位。这时,他的救护度母神暗中提醒他,为振兴和弘扬佛法,要下决心出家为僧,不要贪恋世俗,要警惕沉溺于情欲的泥沼中而不能自拔。20岁时,他再三请求父王让其出家,父母无奈,只好同意。29岁时,他离开王宫,经介绍到印度金刚座的玛哈菩提寺出家为僧，重新深入地学习了声明学的八大经典，内外两教的因明学、医方明学、星象学，佛教的法相学和显密经典等等。他先后拜赛林巴为主的著名学者34人为师，学通了五明学科，获得了"大班智达"的称号，在印度曾担任那烂陀寺和超岩寺的住持。

当阿底峡大师的声名美誉传到卫藏后，阿里古格王意希沃为了在卫藏复兴佛教，派译师嘉·宗哲森格献上大量黄金，前去邀请他到卫藏讲经弘法。阿底峡没有答应，未能成功。意希沃没有灰心，又到处搜集黄金并亲自来到卫藏和克什米尔的边界上，但被克什米尔王抓获，投入牢狱。对方要古格王族带上与意希沃等身的黄金前来换取。他的侄子绛曲沃又到处搜寻黄金，一次去探狱时，对意希沃说："你放心，人们收集的黄金距你等身只差一个头部，凑足此数，马上来赎你出狱。"意希沃说："现在我已年迈，就是释放回去也没有用，还是用那些黄金去迎请大班智达来藏弘传佛法吧！"于是他的侄子绛曲沃派纳措大译师携带黄金去邀请阿底峡。这次印度国王和支噶玛拉西寺的堪布、僧人同意他前去卫藏，但只允许他住三年。藏历第一饶迥之金龙年（1040年），年届59岁的阿底峡在纳措译师等人的陪同下从印度出发，经过尼泊尔时，在这里讲经弘法一年，于水马年（1042年）抵达后藏阿里地区。古格法王绛曲沃

噶当派

作了盛大欢迎仪式。阿底峡大师在这里为古格法王和其他一些信徒信民传授了许多灌顶法和教授秘诀。在古格法王的请求下，用梵文撰写了《菩提道炬论》一书。这部著作译成藏文后，成为藏传佛教噶当派和后来的格鲁派一切见、行、修道次第的主要依据，同时又著了《密咒幻镜解说》。

阿里一住就是三年，在阿底峡准备返印时，尼泊尔边界又发生战乱，因而延误了时间。此时纳措译师将旧译的《八千般若波罗蜜多》《二万五千般若光明释》《八千般若广释》等拿出来，请求尊者校正。尊者说："到前藏后我们一起校正吧！"时隔不久，仲敦巴·嘉瓦郡乃来阿里迎请尊者到前藏讲经弘法。于是他们一起从阿里出发，来到日喀则的纳塘地方。在这里，他们发现一座形状似象鼻的山峰，山旁的平地上有一块巨石，石上有十六只蜜蜂，尊者观览地形后对随从弟子预言道："以后这里将会出现一座寺院，我佛的教法会弘传开来。"果然后来在这里出现了一座名叫纳塘寺弘法法苑。之后陆续来到年措地方时说："梦见今晨拂晓时伴随声响天空中出现一个梵文'吽'字样，它撞击响铜十一面观音像后放射光芒，整个卫藏充满光明，它撞击一个年轻僧人后，出现幻身光明。"太阳刚升起山顶时，来了一位年届16岁的小僧人，名叫悦·曲旺，他拜见阿底峡大师，并献上黄绸，请求道："请传给我修习观世音的教诫。"大师高兴地赐给他一尊十一面观音像，并传给全部观音菩萨的修证法类。继之，悦·曲旺迎请尊者阿底峡到他的住地，承侍供养了三个月。其间，大师对信众公开宣讲般若经论，又为悦氏三兄弟讲传事部修法。悦氏请求大师传给深奥的法门，大师遂讲说六字真言。悦氏道，这还不够，请再传更深奥的守护法。大师又传了忿怒明王。总之，阿底峡大师在这里为悦氏和信众传授了许多佛法，使他们心满意足。据说悦氏三兄弟获得阿底峡大师所传经教后，随即修持六个月后现见寂静观世音菩萨，继而现见忿怒观世音。阿底峡大师说："在修证观世音法类方面没有人比悦氏更精通的了。"后来悦氏修建了悦瓦东西二寺，收徒传法，将阿底峡的佛法广布年楚河一带。

之后尊者又来到山南桑耶寺，给僧众讲授经论，并同纳措译师共同重译了《二万五千般若光明释》和世亲所著《摄大乘论释》等一些经典。阿底峡在这里看到了一些印度梵文本的典籍，其中一些梵文本在印度已经失传，他感叹不已。阿底峡曾到夏鲁寺，为新建佛殿作了开光仪式，之后经雅隆到达聂塘，驻锡于由他的弟子们兴建的聂塘极乐寺。在此寺他住了近九年，期间他做了有益于卫藏佛教重新兴起的三件大事：一是在卫藏各地聚徒传法讲经，主要讲授《现观庄严论》《二万五千般若光明释》《三士道教导》等。因

噶当派

为他在卫藏看见这里的佛教徒见修不纯，学无次第，重密轻显，所以他首先著《菩提道炬论》，讲授三士道的目的也在这里。他提出了三士道次、修菩提心和显密并重的一整套学说，同时他还给弟子和爱好医学的人士教授《医学八支论》等医学经典，大家皆受益匪浅。扎加的几位学医者听受后作了笔录，以后都成为有名的藏医。医学的传授对于西藏医学流派的形成也起了重要作用。二是组织译师共同翻译佛教经典及其他学科的典籍，并著书立说。他和纳措译师，弟子俄译师、桂译师等翻译了《丹珠尔》大藏经中的《观正理格拔哇》及其他名著，还翻译了一些因明学、般若论、声明论、医方明等方面的著作。另外他自己还著了《医头术论》《噶当根本论》等著作。他一生的著作达20多部，这些译著和著作对印度佛教文化与藏传佛教文化的交流起了极其重要的作用。三是为藏传佛教噶当派的形成奠定了理论基础和人才基础。噶当派中的"噶"是佛语的意思，根据佛教的说法，佛的一切教诲都是通过语言表达出来的，因此佛语就是佛的言教，"当"是教诫、教授的意思，就是对学佛僧人的持守、修习学法的指导和指示。"噶当"合起来就是把佛的一切言教（显密经论）都看作是对于学佛僧人从日常行为到修法成佛的全过程的指示和教导。如尊者所著的《菩提道炬论》一书，虽两千言，但他把一个佛教徒从最初拜师学经到最后修成正果的整个过程中应做的事皆依次表述清楚。让修学的人由浅入深、循序渐进,沿着他所讲的阶梯逐步攀登。书中的三士道教导一节主要讲述人可分为三类,即"下士""中士"和"上士",属"下士"一类的人,不希求解脱世间的痛苦,只求今生今世的"利乐",佛教称之"人天乘";属"中士"一类的人,只追求个人解脱世间流转轮回之苦,并没有普度众生的想法,佛教称之"小乘";属"上士"一类的人,不仅自求解脱,并愿普度众生,佛教称之"大乘"。人即分三类,修习次第也分三道,即"下士道""中士道""上士道",这三道合称"三士道"。尊者把佛语经教系统地组织成为修学并教授,要求弟子们皆按此教授修习,故后来把他的派别称为"噶当派",即佛语教授派之意。

据说于土鼠年(1049年),阿底峡尊者得智慧仙女化身的"拉萨疯婆子"的指点,从拉萨大昭寺的瓶形柱下发掘出了《柱下遗教》(又名《柱间史》)一伏藏典籍,它是藏王松赞干布遗书之一。除上述著作外,他还著有《成大乘道修行方便略录》《十不善业道开示录》《定资粮品》《心要略摄》《菩萨如意珠鬘》《波罗蜜多泥像造作仪轨》《出世间七支仪轨》《一切三昧略论》《身、语、意开光法》《大黑天朵玛食子供轨》《入二谛论》《一切经集广义》《忏罪仪轨》《一切经集略义》《发

噶当派

菩提心及受菩提律仪仪轨次第》《菩萨行要略教授指示录》《皈依七颂》《菩提道灯论难义释》《菩萨行摄义灯论》《中观教授录》《般若波罗蜜多略义》等著作。

阿底峡的上首弟子仲敦巴·嘉瓦郡乃到热振地方创建了热振寺，噶当派就是以热振寺为根本道场逐步发展起来的。后仲敦巴的两个弟子博多瓦和金厄瓦发展成教典派和教授派两个支派。尊者的另一弟子俄·勒贝喜饶创建了桑普乃邬托寺，简称桑普寺，以后该寺以讲授因明学和辩经而闻名全藏区。这些弟子各有传承，但皆依噶当教法为根本宗旨，后来兴起的格鲁派也是在噶当教法的基础上产生和发展起来的。所以佛教史上有新旧噶当派之说，将阿底峡和仲敦巴等创立的教派称旧噶当派，将宗喀巴大师创立的格鲁派称新噶当派。阿底峡尊者在卫藏弘传佛法十二载，为佛教在西藏复兴做出了不可磨灭的贡献，被各教派僧人奉为噶当派的开创导师,藏族敬称其"觉沃杰"，意为"尊者"。

阿底峡大师于藏历第一饶迥之木马年（1054年）九月初十在聂塘圆寂，遗体安放在聂塘的纳莫切地方，在聂塘俄尔尊者的灵塔处建了佛殿。

仲敦巴的热振寺建成后，原造灵塔移供热振寺，为该寺主供圣物。用尊者的另一部分骨灰、圣物舍利又造了一座灵塔，供奉于聂塘极乐寺。

仲敦巴·嘉瓦郡乃
——噶当派创始人

噶当派

仲敦巴·嘉瓦郡乃,意为"胜生",仲敦巴为其尊号。他是著名佛学家,噶当派开派始祖,热振寺的创建者。藏历饶迥前二十四年之木龙年(1004年)出生在前藏堆隆普扎杰莫(今西藏拉萨堆龙德庆)地方一富贵人家。父古显雅协培,又称达松古显,母亲库俄萨吉玛,系"协"氏族。

仲敦巴少年丧母,父亲续娶,常受继母的嫌憎,与继母不和而离家出走,到玉如舅父家住到13岁,其间曾跟一位叫雍曲贡的学者学习藏文和念诵经文。17岁时,觉沃赛尊从康区前往印度学法,半道上与仲敦巴不期而遇,仲敦巴对赛尊十分敬信,求学了观音菩萨六字明咒的念诵法。赛尊去印度后,他从杰拉康寺的创建者尚那囊·多杰旺秀(976—1060年)处受近事戒(居士戒),取名嘉瓦郡乃。19岁同商人结伴到康区丹麻地方,听说此时赛尊从印度已返回,他即刻前往拜见,赛尊就收他为徒,并留于自己家中,让他做放牧牛羊、推磨、种地等农牧业活计。嘉瓦郡乃一有空便学习经典，推磨时，将佛经放到磨台之上，边推边学。晚上还要骑马巡视农田，对上师还要殷勤服侍。总之，劳动学习两不误，颇得上师欢心，赛尊给他讲授了许多显密经论，尤其传授了印度论师龙树师徒的《中观论》和无著兄弟传出的《慈氏五论》，经认真学习钻研后，皆能通达其意，成为一位善知识。他学后常在经院与其他学僧立宗辩经，从没有一个人辩得过他，大家都心悦诚服，并向赛尊上师说："让这样一位学识渊博的人去干那些放牧牛羊的粗活，实在太可惜啊！"恰好这时库敦·尊哲雍仲和俄·勒贝喜饶也在该寺院学经，他们三位便成了志同道合的僧友。以后便有"库俄仲"三学者的美名。印度一名叫弥底嘉纳格尔德的班智达到这里时，从其学习声明学和梵文。据说仲敦巴陪同班禅弥底来到康区（今青海玉树）通天河南岸的仲达藏娘地方，在当地信徒信民的资助下，建成了一座高达30余米、周长300多米的大佛塔，取名藏娘佛塔·盛德山，与印度的金刚塔、尼泊尔的巴耶塔齐名，称为世界著名的三大佛塔，塔建成后返藏。后来仲敦巴等人问这位班智达上师道："在印度还有哪些著名的班智达？"班智达说："有那若巴、夏那德巴等名师，皆年事已高，有些都不在人世了，还有一位从王族中出家的班智达，名叫德比嘎热，

噶当派

尚健在。"他们听说后,都想前去拜师,正发愁如何去拜见之时,听说阿底峡应邀已到达后藏阿里地区。仲敦巴向赛尊巴上师说明了要去阿里拜师阿底峡学经的心愿时,上师十分赞同,并为他准备了驮行李的牲畜,将行李、书籍和少许用具驮上,送他上路。

仲敦巴赶着驮畜到俄曲河口时,遇到了昌喀白琼哇,二人相互攀谈佛法。仲敦巴谈吐不凡,昌喀白琼哇大为吃惊,问道:"听说康区有一位叫仲敦巴的修法居士,莫非就是你?"答道:"是我。"昌喀白琼哇立即将一垫子铺在地上,请他坐在上面,又将一副精致的马辔头和一卷绸缎赠给他,请他在热振地方建寺。仲敦巴说:"我现在没有时间,正要到阿里拜访一位班智达,以后缘法合宜之时再来建寺弘法。"辞别施主后他到达拉萨附近的彭域,又见到了卫藏鲁梅十人之一的噶瓦·释迦旺秀,他将要去迎请阿底峡之事告诉了释迦旺秀。释迦旺秀也很赞成,于是两人商量好,如果阿底峡接受邀请,愿意到前藏来,就由仲敦巴写信给他,请释迦旺秀和卫藏各地领袖人物共同迎请阿底峡。

木鸡年(1045年)初,仲敦巴到达普兰加香,遇到正准备经尼泊尔返回印度去的阿底峡,以献黄金作为进见礼。阿底峡用手摩着仲敦巴的头,用梵语颂吉祥词并作了加持。晚上施主给了他一块酥油,他用酥油作供灯,放在阿底峡的枕旁。自此，直到阿底峡去世前，甚至圆寂后他在灵塔前供献酥油佛灯，从未间断过。阿底峡对仲敦巴进行了很好的灌顶后，晚上两人将枕头拼在一起，推心置腹地交谈。次日，阿底峡特意将《菩提道炬论》全部传授给仲敦巴。以后凡讲其他佛法，皆依"三士道次第"教授，仲敦巴熟记领会了《菩提道炬论》一书的全部内容和意义。这时距离尊者返回印度仅剩三天的时间，仲敦巴恳切挽留尊者，他向尊者介绍了曾有嘎玛拉西拉等一些班智达在卫藏讲经弘法的事业和功绩，以及拉萨、山南等地区包括桑耶寺在内的各大寺院的情况，并说那里的数千名僧人都迫切希望大师前去传教。尊者听了，十分喜悦，他想，在今天这个世界上，这里还有这么多持戒梵行之人，在印度却已寥寥无几。于是改变了返回印度的打算，决心本着佛教徒弘扬佛法的心愿，答应并接受请求。仲敦巴立即写信给噶瓦，噶瓦又将这一消息告诉了鲁梅的四柱弟子之一尚那囊·多杰旺秀及其他有关的人，并且和卫藏各地方势力共同商议，派出代表前去迎请阿底峡尊者。仲敦巴和阿底峡一行从阿里启程渐次来到藏绒地方，这里等候的库敦·尊哲雍仲邀请阿底峡到雅隆塘波且寺，在这里讲经传法一个月。其间阿底峡经常和库敦在一起，库敦成了阿底峡的得意门生，又应聂塘寺之邀到聂塘寺讲经传法一个月。之后

噶当派

阿底峡去宁玛派佛寺桑耶寺，在这里给僧众讲授显宗经典的同时，也传授了一些密宗经典和教言。在钦浦为僧众讲授了道情歌集和一些甚深密法教言。仲敦巴服侍尊者从钦浦去拉萨，尊者要在这里建立"大众部"，仲敦巴说："由大众部之传规多产生根本堕罪①，不利于藏区，请勿设大众部。"尊者也就罢了。耶巴寺的俄·洛丹喜饶前来邀请尊者到耶巴寺，敬献了黄金108两、马21匹、牦牛11头、半月形披风2件、猞猁皮4张、银勺2个等物品108件，表示吉祥数字。据说这些贡物以后全用在修建热振寺的开支方面。阿底峡在耶巴寺讲授"三士道修行次第"等教法和教言。仲敦巴作为弟子向上师阿底峡尊者讲了月称论师的《中观正见》，尊者双手合十，面向东方道："印度现在仅仅修持这一种法啊，卫藏有像你这样的大德，是藏地的洪福啊！"之后师徒一行又来到聂塘寺讲经传法。九年后的一天，尊者预感到自己往生净土的时间不会长久，便将他随身携带的法衣、法器，如金刚铃杵、五佛冠、手柄小鼓、骨饰交付予仲敦巴。弟子们问上师道："要是上师您圆寂后，由谁来继承您的传承，谁住持寺院？"尊者说："今后一切皆由仲敦巴掌管！"说完遂圆寂。据说阿底峡尊者在聂塘寺先后驻锡九年，于木马年（1054年）在聂塘寺归天。噶瓦·释迦旺秀把尊者的遗体、印度佛经及尊者上师赛林巴银伞等贵重遗物全部交给仲敦巴。仲敦巴一生跟随阿底峡12年,得到了尊者的全部教言。在阿底峡诸弟子中,以仲敦巴年龄最大、所学最多,处于大师兄的地位。木羊年(1055年),仲敦巴在聂塘主持了悼念阿底峡尊者的仪式,并在那里建了一座寺院。这以后,仲敦巴回了一次家。不久,藏北当雄一带的地方头人们集会,派人请仲敦巴到热振地方去传教。火猴年(1056年)初,仲敦巴带领阿底峡在藏的弟子,连同阿底峡的遗骨一起搬到了热振地方,是年修建了热振寺,将阿底峡的遗骨供奉在热振寺的银塔中。仲敦巴在热振寺首先建成了60多人的僧团,讲经学法。噶当派就是以热振寺为根本道场,由仲敦巴传承阿底峡的教旨而逐步发展起来的。

热振寺,意译为"翘角寺",又名更培林寺,位于今之拉萨市林周县唐古乡"普央岗钦"山麓。这里环境幽静,古柏苍翠,山径曲折,泉水淙淙,鸟兽群栖,每闻寺僧摇铃击鼓,朗朗诵经声传出,则百鸟飞临,群兽奔集,前来领食施物。金虎年(1770年),皇帝钦赐"凝喜寺",后改宗为格鲁派寺院。转世活佛为热振活佛系统,为西藏四大摄政呼图克图之一。

仲敦巴·嘉瓦郡乃一生虽未受过比丘戒,但他持戒极严,佛法精深,传教极广,开创噶当派,胜过其他比丘僧,

噶当派

他将自己的一生奉献给了弘扬佛教事业。他于藏历第一饶迥之木龙年（1064年）五月二十日在热振寺圆寂,享年60岁,灵塔殿有其灵骨塔。

仲敦巴的著名弟子有博多瓦、金厄瓦、普琼瓦等。他本人著有《师徒问道录》《赞尊者三十颂》《在家道德规范要鬘》及"地相文""历史""传记""寺规""信札"等方面的著作多种。

注：

①根本堕罪：密乘律仪所说根本罪。律仪如大树根,若善守护,则成生长一切道果功德之本；若不守护,则为生恶趣因及苦根本,未来生生世世由根下堕,故名根本堕。

库敦·宗哲雍仲
——阿底峡三大弟子之一

噶当派

　　库敦·宗哲雍仲，阿底峡大师的"库、俄、仲"三大弟子之一，其中"俄"指俄·勒贝喜饶，为著名翻译大师俄·洛丹喜饶的伯父。"仲"指仲敦巴·嘉瓦郡乃，为噶当派创始人。库敦·宗哲雍仲于藏历第一饶迥前的金猪年（1011年）出生于西藏雅隆地方，与著名翻译大师措那巴同庚，本名宗哲雍仲，在珠美慈诚郡乃尊前出家为僧，依格西扎巴浣喜学习几种教法。之后他同俄·勒贝喜饶、哲西饶贝一同赴中康区，拜喇嘛赛尊为师，闻习了许多经教，又从云丹雍仲学习《阿毗达磨论》，成为佛教学者。仲敦巴与阿底峡尊者在阿里会面的次年，库敦从中康区回到西藏唐波且（今西藏山南琼结地方）。唐波且寺是于火蛇年（1017年）由鲁梅的传戒弟子珠梅·次臣郡乃创建，后来库敦进行了扩建，是一座弘传戒律的噶当派古刹。他在该寺开始招收门徒，广转《因明学》和《戒律论》法轮。当仲敦巴将阿底峡尊者从阿里地区的托林寺迎请到前藏时,在仲敦巴写给卫藏一些头面人物的书信中,未曾提到库敦巴的名字,但库敦·宗哲雍仲还是同一些马队前来迎接,将尊者一直迎至唐波且驻锡,并作承事供养。后来仲敦巴又在库敦不知晓的情况下,将阿底峡尊者暗中迎请至桑耶寺和聂塘极乐寺。由此,库敦对仲敦巴有了不悦之情。后来仲敦巴到处宣扬库敦的功德,库敦听到后对仲敦巴的高风亮节产生了敬仰之心,以前不悦之情烟消云散。后来,师徒几人从唐波且寺前往拉萨东北之耶巴神山宁波山寺,简称扎耶巴寺。该寺是一座密乘山寺,系松赞干布妃蒙萨赤姜下令修建的。在此寺,阿底峡尊者为几位弟子传授了《菩提道炬论》,又有《噶当经函的密法》之说。据《拉萨藏传佛教寺院》一书载:以前莲花生大师从堆隆来到此地时,看到此处名叫拉昌洞的山,其山势不甚吉祥,大师预言将来此处将会有一座寺院。正如大师所言,后来库敦在拉姆齐建了一座寺院,就是这座寺,并广收门徒。后又在达隆查建了一座小寺,最后在此基础上建起了觉摩隆寺,为当时前藏拉萨六大寺院之一。

库敦大师曾在聂塘讲授《大般若经论》时,前来听经的信众约达千余人,其中达波旺徐也来亲近他,求学《大般若经论》,库敦让他达到了求法的心愿。据说后来他和精通因明学的学者琼波扎色二人到布达拉和红山就因明学进

噶当派

行辩论，二人辩得难分高低，最后以平局结束。

由于有关库敦·宗哲雍仲的史料较少，且简略。在《噶当新旧佛教史》一书中也只介绍了几句，没有下文。他是噶当派初兴时的一位大德，对噶当派的兴盛起过一定的历史作用。库敦于藏历木兔年（1075年）圆寂，享年65岁。据许多史料载，该师曾著有一部《广本镇魔记》的史书，又名《桑耶寺详志》，是记载桑耶寺比较翔实的一部史记，另著有《甘露生起朵玛食子·两种仪轨根本及释论》。

仁钦桑波

——后弘期最负盛名佛经翻译家

噶当派

仁钦桑波，意为"宝贤"，是藏族历史上一位著名的佛经翻译家，藏历第一饶迥之前六十九年（958年）生于阿里古格的恰宁汪热纳（今西藏阿里札达），父元努旺秀，母觉若更桑喜饶冉旦。

史载，他2岁时就能念出字母密咒，13岁时从益西桑布剃度出家为僧，少年时学习十分用功。17岁，他被阿里古格王①连同其他20多名青年派往克什米尔、印度等地留学。五世达赖喇嘛著的《西藏王臣记》中，记述了仁钦桑波前去印度的一段动人因缘。他不懂梵文，令他很烦恼，于是就在树荫下打起盹来。忽然，梦见一位空行母对他说："犹如春蚕儿，以丝缚身。由恋故乡土，堕入魔网中。欲求解脱者，速即往北去克什米尔地。复往东西印，如流遍游学，返藏译正法，方能善其事。"后来他历经千辛万苦，来到印度。在印学习长达10年，从纳若达巴等诸大学者为师学习正法，前后出国三次，跟随75位大师领受教益，听受了难以数计的广大教法，学通许多显密教法，成为藏传佛教后弘期极有影响的一位大师。后返回西藏，在阿里古格王意希沃的支持下，翻译了大量的佛经典籍。为便于译经和弘扬佛法，古格王还专门修建了托当色林寺，简称"托林寺"。仁钦桑波一直驻锡该寺，学法、修法、译经。据说他在古格王朝弘传佛法时，降伏了芒城的鲁噶嘉，原因是在修建寺院时得罪了这位地方神灵，这也是佛苯斗争的一个反映。既然是降伏了鲁噶嘉地方的神灵，证明了苯教对佛教的反对没有成功。仁钦桑波曾翻译、校订显宗经典17部、论33部、密教怛特罗（经咒）108部，尤以所译马鸣论师[②]所著《医学八支集要》及克什米尔学者所著《集要广注·词义月光》等医学著作为典型，不仅盛传于卫藏，而且在内地皇太后"伊吉"（音译）时，应雅隆医师奇曼之劝请，由益希华于宫中校订之后刻为汉文版广为流传，从此藏医学有了新的发展。他还翻译了不少文法、工艺方面的著作，对中印文化交流做出了重要贡献。

　　仁钦桑波曾到年楚河传法，居住在卫日拉妥静室修定12年，期间在乃宁寺修建了大经堂，现有的所谓金汁书写的佛经就是那时侯的。

　　仁钦桑波毕生致力于翻译事业，后来的西藏诸学者将

噶当派

他的译著视为范本。藏族历史上把他之前翻译的密宗经典称为"旧密咒",而将他及其以后翻译的密宗经典称为"新密咒"。由于仁钦桑波的巨大功绩,继任的阿里古格王拉德尊称他为"金刚阿阇黎",意为"金刚上师",还将普兰的协尔地区赐封给他作为"却谿"③,学者把这一封赐谿卡的行为作为西藏封建农奴制的开端。

仁钦桑波一生专心致志学佛译经。水马年(1042年),61岁的阿底峡大师来到古格托林寺时,仁钦桑波已85岁高龄了,但仍拜阿底峡为师,学习了"胜乐"等一些密宗的教法,用翻译"密经"的方法弘传佛法。他还在阿里地区倡建了几座寺院和佛殿。

仁钦桑波的译著多达200多部,其中显教方面的有:《圣者尼乾子问无我义经》;《圣者涅槃小经》六十首。密宗方面有:《正述文殊师利》十四章;《显说根本续》十万首;《胜乐小密续》五十一章,共七千一百首;《佛说一切金刚三业最胜秘密大教王经》十章,后续一章;《佛说瑜伽大教王经》十章;持金刚世系中,《大教王经》,《佛说一切如来密集根本续后》四续、外续九卷;《一切密咒大教王经》《金刚手蓝应三世》律续第五章;《丹珠尔》中,有《殊胜颂广释》等。他的弟子遍布卫藏,其中医学方面的著名弟子有娘德森格扎、益西郡乃等30多位。

仁钦桑波于藏历第一饶迥之木羊年（1055年）圆寂，享年98岁。

注：

①阿里古格王：阿里，地区名，在今西藏自治区西部，地处喜马拉雅山和昆仑山之间，包括噶尔、日土、札达、普兰、革吉、改则、措勒等七个县。古格，又名象雄，在札达县。吐蕃王朝朗达玛四世孙德祖衮于北宋初年领有此地，后嗣因名古格王朝，明代犹存，其宫室城堡遗地今犹可见。古格王朝实行"政教合一"，这里说的古格王，是指柯热，法名意希沃。

②马鸣论师：系古印度四大士之一。佛灭后约600年，生于西印度。父狮子密是大名医，母宝成。幼学婆罗门四吠陀经、四吠陀节及六业等，后随父学医。信奉异教，精通有常之论，驳倒西印度佛教学者，使改信异教以毁佛法，之后往游南印与龙树弟子圣天辩论内外之宗，输而改信佛教，为龙树师徒弟子，精通内学及诸异教诗韵之学，更名三宝仆从。著《佛本生行传一百零八赞》，以忏破佛之业。马解其语，故号称"马鸣"。另著有《医学八支大论》《入八支论》《八支集要自注》等。

③却豁：即庄园，又称"豁卡"，有封赐给寺院的，作为僧人的经济来源，也有封给僧俗上层的。

嘉·宗哲僧格
——噶当派早期一著名翻译家

嘉·宗哲僧格，后藏阿里普兰人，据藏史记载，其祖先是松赞干布执政时期的大力士喇嘎和赤松德赞时的巴·赛昂、巴桑希。宗哲僧格早年到后藏托林寺，拜著名译师仁钦桑波修学显密经论，达到彻悟，尤其潜心学会了印度语和梵文。后来受古格王拉喇嘛意希沃的派遣赴印度邀请阿底峡尊者，但由于其他原因而未能请至。当时阿底峡尊者驻锡于支噶拉西拉的寺院中，他遂依尊者为师聆听了许多教言和《丹珠尔》经教，并将其中的一些篇章译成藏文。他在印度学经译经之时（1037年），古格王拉喇嘛意希沃又派纳措·慈诚嘉哇（1011—1064年），携带大量黄金赴印迎请阿底峡尊者，当他抵达印度后，由临时担任寺院果尼尔经堂事务的住持宗哲僧格将其介绍给阿底峡尊者，因此，措那译师也从阿底峡尊者等班智达处聆听了许多佛法，并向阿底峡献上黄金，禀明了古格王派他迎请上师之事。

噶当派

经这次邀请,印度国王和支噶拉西拉寺的堪布、僧人同意阿底峡前去卫藏,但只允许其在卫藏传法三年,三年后即刻返印。宗哲僧格向阿底峡详细介绍了雪域佛教的兴起及发展情况,同时也说明了卫藏僧众非常需要像他这样的大班智达来弘法讲经,将会在卫藏产生极大影响,对那里的僧众会有深广的惠益。阿底峡尊者听后,也就答应了前去卫藏传法的要求。

之后,嘉·宗哲僧格提前启程返藏,他带徒传授佛法并教习翻译技巧,和几位弟子从卫藏传法到康区,当他们一行从康区复返卫藏时,听到阿底峡尊者已和措那译师等莅临阿里地区托林寺的消息后一时万分高兴,于返藏途中不幸去世。

嘉·宗哲僧格是一位很有名的梵藏经典翻译家,其译作主要有:从《甘珠尔》中译出的《金刚手青衣者之仪轨·陀罗尼咒》;从《丹珠尔》中译出的《吉祥时轮金刚总赞之全部正行顶饰摩尼》《吉祥金刚瑜伽母修持法》《金刚亥母修持法》《二十一度母颂·纯净顶饰摩尼》《对瑜伽士的教言》《对力士之教言》《对歌者之教言》《屠夫之教言》《吠陀师之教言》《对幻术者之教言》《对妓女的教言》《金刚乘根本堕罪广释·道之灯》《入二谛论》《金刚手瑜伽续释》等经论。

瑜伽士阿尼·绛曲仁钦
——热振寺第二任大法台

噶当派

关于阿尼·绛曲仁钦的史料,记载都比较简略,但在《雪域历代名人辞典》,藏文版《新旧噶当派佛教史》《后藏志》和《热振寺志》中都有记载。阿尼·绛曲仁钦于藏历木兔年(1015年)出生于雪域东方安多宗喀地方一户藏族人家,是藏传佛教后弘期时人,他曾师事多位格西,学通了显密经论和藏族传统文化。后来赴卫藏深造,在后藏阿里地区与被邀前来藏地传法的尊者阿底峡大师相逢,喜结法缘。他主动为阿底峡大师喂马,干内勤杂务,阿底峡见他十分勤快,是一位具有根器的弟子,所以在为僧众讲经时,就让他前来聆听佛法,时间一长,二人形影不离。他闻法常常脑记手写,将所传佛法一一笔录下来,反复温习,深入思考,达到通晓。据《后藏志》一书记载:他在二谛法门(世俗谛和胜义谛)方面更精于仲敦巴大师。之后又师事阿阇黎年措上师,将阿底峡尊者的教法、教言全部学到手。后在静室中苦心修持，终于获得了殊胜成就，成为大瑜伽士。从此，人们普遍敬称他为大瑜伽士阿尼·绛曲仁钦，简称"那觉钦波"。木蛇年（1065年）50岁时应邀到噶当派祖庭热振寺出任第二任大法台，任内完成了热振寺庭院前走廊等一些尚未完工的工程。他担任热振寺法台共12年，其间也遇到了一些棘手之事，后均迎刃而解。他培养了许多弟子，著名的有堆隆巴·仁钦宁波、喇木钦波、格西芒拉等。他赴藏后再未返回故乡宗喀，于土马年（1078年）在热振寺圆寂，其骨灰安奉于热振寺灵塔中，继后由藏·贡巴哇任第三任法台。

俄·勒贝喜饶
——桑普寺创建者

俄·勒贝喜饶，后弘期著名译师，翻译大师俄·洛丹喜饶的伯父，仁钦桑波得力的译经助手，也是其得意弟子之一。俄·勒贝喜饶系法王赤松德赞时一位名叫俄·钦波的大臣之后裔，"俄"是其家族姓氏。其父多杰宣努是一位通晓旧密经的宁玛派格西，生有五子，俄·勒贝喜饶是长子，其生卒年不详，大致与阿底峡尊者属同时代人，年轻时从章·益西云丹受戒出家，学习藏文拼读，之后赴康区从赛尊学习三藏经论及教法，成为通达者。土鼠年（1048年）同库敦·宗哲雍仲一起返回前藏，他亦是阿里古格王派遣的西藏27位年轻僧人去克什米尔留学中的其中最博学的一位。他在前藏拉萨建立讲经院，有许多弟子前来讲经院求学佛法，他为弟子们传授了许多显密经论。当听到阿底峡尊者在芒域（山南桑耶一带）讲经弘法的消息时，和卫藏的一些头人结伴前往拜见，从阿底峡尊者学习了一

噶当派

些经论。因他性格温和善良,与阿底峡的所有弟子关系融洽。阿底峡应头人之邀到拉萨,他亦随尊者前往,并为一位带头的头人作了隆重的灌顶仪式。他提出"推理炽然译论"的疑问,尊者作了解答,并由措那译师在拉萨完成译事。俄译师也在尊者处度过了学经修习的10年,学到了自己奢求的许多经论,通达了中观正见,跻身于学者行列。一次,他作为尊者的随从到拉萨河南岸的桑普地方,尊者指着对面一山沟说:"那里的地形像右旋法螺,此处建一座闻思修、讲辩著的弘法道场将会对佛教和众生有极大的饶益。"于是俄·勒贝喜饶按尊者之预言,于藏历第一饶迥之水牛年(1073年),集资择地修建了桑普乃邬托寺,简称"桑普寺"。寺址在拉萨河之南,他住持寺院长达17年之久。据传,建寺前,俄译师请阿底峡到该地传授佛法,并要求对建寺之事保密,因而得名"桑普寺"。其实,寺院建成后,是以地名取寺名的,俄·勒贝喜饶任第一任法主,招收了500多名僧人,开始讲经传法,因此,人们称俄·勒贝喜饶为"桑普哇钦波"。后来将该寺经院分成十一个扎仓:白赛扎仓、尼玛塘、达波扎仓、南杰赛康、枯贝五个上岭扎仓;卓宁哇、希哇、娘绒、内廓哇、卓萨哇、热哇堆麦六个下岭扎仓。现在主要佛殿有十二根大柱的佛堂一座,内供像依次为:中间为俄·勒贝喜饶之身像,两边为阿底峡尊者、仲敦巴大师及恰巴·却吉僧格的身像；前面供有文殊铜像、尺余高的度母古铜像、八岁身量的弥勒佛像、另有几座灵塔；右边是依怙护法殿、八根柱的后殿，内供释迦牟尼印度古铜像、释迦戒身佛像及噶当派高僧灵塔等。由俄·勒贝喜饶初建桑普寺，其侄俄·洛丹喜饶任住持期间进行扩建，十一个扎仓是扩建后设立的。

桑普寺虽规模不大，因该寺历任住持大兴讲经弘法宗风，尤其恰巴·却吉僧格开创闻思修、讲辩著的学风以来，该寺逐渐成为西藏讲辩法相学的学府。

俄·勒贝喜饶圆满完成了学经、讲经、弘法、建寺的事业后示现圆寂，其灵骨塔供奉在桑普寺内。

臧贡巴·旺雪坚赞
——热振寺第三任座主

臧贡巴·旺雪坚赞，本名旺雪坚赞，"意为自在法幢"。臧贡巴是其别号，意为"臧的修禅师"，人们俗称他为贡巴哇。他于藏历第一胜生之火龙年（1016年）生于多康岗一密咒师家中，家族为"臧氏"。

年轻时出家为僧，取法名旺雪坚赞。早年父母双亡，父亲给他留下的只有一些书籍，起初他与涅措上师相逢，从师听受了一些经论。后来他与一位朋友商量后，准备到日绰山寺，并做点善事。待装好书籍准备出行之际，他从前藏来的一批商人口中得知有一位印度的大班智达应邀已到达阿里上部，遂放弃了去日绰山寺的打算。他随即从家乡筹备了一点财物，将口粮和书籍交给朋友，跟着前藏商人一起同行，一路主要依靠乞讨化缘维持生活，饱尝了初次出门的苦头。终于，在后藏年措地方与阿底峡尊者一行相遇，遂献礼求学佛法。尊者说："你做我的应供喇嘛，我

噶当派

可以传法予你。"贡巴哇请求道:"应供喇嘛我不能做,只请求上师传一合意的佛法。"尊者道:"如你不做应供喇嘛,我也无佛法可传予你。"贡巴哇无奈,勉强答应了上师的要求。尊者除给仲敦巴密授教法外,给贡巴哇也传授了全部教法和修法教言,特别是给他专门讲授"三士道修行次第",并做辅导,经修持就出现了证悟之兆。他还请求尊者给他传授密法教言,尤其是尊者所修忿怒明王修法。学这密法时,不用人做翻译,尊者直接用藏语讲授,他也模仿梵语学习,短时间内就学会了这一甚深密法。尊者传法时发现这是一位具缘弟子,因而特别器重他。贡巴哇在修学忿怒明王法时也觉悟到尊者是一位佛的化身,因而特别敬奉上师。一次,他修习持风息之法时,竟入定三天,无声无息,一动不动,弟子们以为他已坐化,突然他哈哈一声起身,弟子们大吃一惊。他的修持都是顺其自然,即便有时身体稍有不适,但风息却成倍增长。印度的一位名叫那琼的游方僧来热振寺时,用手指着贡巴哇的禅室说:"这里面住的是一位具有禅定和先知先觉功力的人。"

在阿底峡尊者的指导下,贡巴哇经过多年的勤奋修持,其瑜伽功达到了炉火纯青的地步,所以人们又称他为那觉钦波,即瑜伽大修士。阿底峡尊者在聂塘圆寂后,他一直跟随仲敦巴学习佛典,并做他的侍从,协助仲敦巴为振兴热振寺闻思修、讲辩著的佛教事业而尽职尽责。

木蛇年（1065年），贡巴哇继多麦宗喀地方的大瑜伽士阿尼·绛曲仁钦任热振寺第三任住持后，又住持热振寺5年。任住持期间，他教导弟子发扬阿底峡尊者和仲敦巴大师的宗风，刻苦学习噶当派的经典及教法。对一些有缘弟子传授密法诀窍，让他们跟自己一样专心修习，带出了一批学修兼备的弟子。

藏贡巴·旺雪坚赞于藏历第一饶迥之水狗年（1082年）在热振寺圆寂，享年67岁。

博多瓦·仁钦赛
——噶当派经典支系传出者

博多瓦·仁钦赛,仲敦巴的大弟子,与金厄瓦、普琼瓦合称三昆季。"博多瓦"一名是他在彭域的博多山上创建了博多寺后人们送给他的别称,"仁钦赛"是其本名,意为"宝明"。博多瓦于藏历第一饶迥之火兔年(1027年)生在彭域地区的扎吾塘(今西藏拉萨北)尼氏家族,父新斯旺徐,母勒姆。其父是苯教徒,因此博多瓦自幼随父学习苯教教义。父母的应供喇嘛甘木上师给他授了近事戒。后来,由耶巴哇俄·绛曲郡乃任亲教师、兰查香为轨范师,给他授戒出家为僧,赐法号仁钦赛。从克端等处学习因明学,在兰查上师处聆听律经。阿底峡尊者在耶巴时,他前往拜见,从尊者听受了"修道第次"[①],以及那措译师的"修习次第"。由扎嘉任亲教师,在具足僧的情况下受比丘戒,还在僧会上开始学习讲经,犹如一位善言狮子,在这里讲经说法约一年,讲授了许多显宗经论。之后,整整一个夏季于端巴

噶当派

处学习教诫,成效较大。秋季,他隐姓埋名,以一个行乞僧的身份云游四川康区各日绰山寺和静修地。

博多瓦28岁时前往热振寺,从仲敦巴学习噶当派教法和教诫,仲敦巴稍加指点,即刻领悟。他认为上师的教诫好似无边大海无穷尽。仲敦巴有博多瓦、金厄瓦、普琼瓦三个得意门徒,其中最喜欢博多瓦。当仲敦巴患疾寿终正寝之时,博多瓦请求上师道:"今后我依止谁,怎么办?"上师说:"你的法缘地在博多地方,在那里弘传显宗经典!"说完即逝,由格西普琼瓦作回向。有一天,普琼瓦对博多瓦说:"今天由你来作回向。"博多瓦作回向时,心绪稳定且很顺缘,所以后来由博多瓦一人作回向修定时,看见《经庄严论》的根本,从而获得了慈氏的诸论之义。在扎加专心修习了几年,上师仲敦巴去世后,他在贡巴哇之后住持热振寺长达18年之久,精心治理寺院教务,使热振寺宗风广弘。加上他平时刻苦学习经典,知识渊博,受到僧众的赞扬和拥戴,成为雪域教主。另外,他讲经说法时引经据典,循循善诱,并弘扬上师建寺传教的功德;修持时心不外骛,自察自省。生活靠化缘维持,只有一块蒲团、一件破毡僧衣,息寂任何享乐之念,专注于佛法的修习。后因与当地掌权的头人、寺院的施主不和而离开热振寺。

金鸡年(1081年)开始,51岁的博多瓦先后到卓拉寺、喀陀寺、拉毛热杰寺、昌嘉孔木、岗加姆等寺游学讲经，在达隆和央坎扎两地住修讲经的时间最长。凡他游学过的地方便讲经收徒，在这些地方播下了噶当派的种子，洒下了噶当经典教义的甘露。常随他左右的弟子有2800多人，他主要讲授阿底峡尊者著的《菩提道炬论》和《噶当根本书》（内分《入二谛论》《中观要诀》《摄行论》《摄行炬论》等），同时讲授"噶当六论"，附带还修学嘎玛拉西拉的"修行次第"等。博多瓦一生主要以《菩提道炬论》为主，结合"噶当六论"进行讲授和修习，注重倡导佛教经典的学习，故将他传承的这一支派称为教典派，也称经典派。

后来他在今林周县境内的博多山上创建了博多寺，先建16根大柱的殿宇，开光时，东面的博多瓦及300多僧人，南面的朗塘巴及300多僧人，北面的尼素瓦及300多僧人共同为该寺进行了开光。与此同时，天神之子女翩翩起舞，并作了花供。相传，当日同朗日塘巴毗邻而居的动物竟然出现了鹞鹰不擒杀麻雀，豺狼不吞噬羊羔等现象，它们互不侵犯，相安无事。16根大柱的殿内供奉有两层楼房高的弥勒佛像和开口欲言、身着袈裟的度母像等。角楼里供有护法神宝帐怙主、犀甲护法等神像。博多瓦常驻于博多寺，因此彭域的人们称他为博多瓦。他61岁时还调解了彭域地方村庄之间的纠纷，使村民和解。噶当派的名望和声势是

噶当派

博多瓦讲经传教时期，才于卫藏地区大大发扬起来的，他是仲敦巴大师事业的得力继承者。

博多瓦·仁钦赛著有有关"噶当六论""宝鬘""授文"等方面的著作。其弟子有2800多人，其中最著名者即朗日塘巴·多杰僧格和侠尔瓦·云丹扎巴，当时称他二人为一对日月。弟子们辑其语录并加注释成书为《小册青书》一部。

博多瓦示寂前，交代弟子们不要用塔葬，而是火葬其遗体，并发愿自己的寺院会变成尼姑寺。后来果然有90多位尼姑在此修习格鲁派教法。

博多瓦·仁钦赛于藏历第二饶迥之木鸡年（1105年）圆寂，享年78岁。

注：

①修道次第：这里指的是阿底峡的著作《菩提道炬论》所阐述的教旨。该论全系颂文，句义简略，强调修法依"三士道"次第修行，循序渐进，福慧双修，只有在圆满修持显宗的基础上，才可转入密宗修持，达到"即身成佛"。

普琼瓦·宣努坚赞
——噶当派教诫支系传出者

噶当派

普琼瓦·宣努坚赞，藏历第一饶迥之金羊年（1031年）出生在彭域地方（今西藏拉萨北），为仲敦巴三大昆仲弟子之一。幼时他在彭波寺从卫藏十人之一的尚那囊·多杰旺秀和兰查香二师受戒出家，取法名宣努坚赞，译为"童幢"。他从格西库敦·宗哲雍仲（1011—1075年）学习大般若经论，在聂塘寺拜会阿底峡尊者，听受尊者讲授《菩提道炬论》，尊者圆寂后，随仲敦巴到热振寺学习噶当派教诫。仲敦巴将十六明点等密宗要门和《变化经》的全部传授予他，并奉仲敦巴之命为几位弟子讲授《俱舍论》。仲敦巴谢世后，他专心禅修，后来迁居彭域荣瓦普琼地方，见这里幽静，便住下来修学。

传说，他一次静修时，手向禅室西面的山崖一指，山崖处便流出一股修行之功德水，这股涓涓清泉至今流淌不断。他集资在此修了一座小寺庙，叫普琼寺。他住在普琼寺修法传教，因此人们称他为"普琼瓦"。他给弟子注重讲授"菩提道次十二缘起支"（即内缘起，内情世间众生发生状况之十二次第），并和博多瓦、金厄瓦三人经常一起学法辩经，研究显密经论。普琼瓦不收门徒，由博多瓦和金厄瓦分别收徒，师兄弟三人一起讲经传法。

他对三宝佛①十分虔诚敬奉，口诵佛经，经常煨桑、点香、供灯，殿堂内外藏香常燃，桑烟缭绕，佛灯朗朗，一派梵宇景象。

格西喜饶坚赞将仲敦巴的《密法噶当十六明点教言》仅传授给了普琼瓦。这个口传法最初是阿底峡尊者和仲敦巴等师徒在耶尔巴拉日宁布的古尔驻锡时，他对仲敦巴说："你略讲一下未来对有情教化之事。"仲敦巴遵师命，就讲出了"十六明点教诫言"。尊者要他终生奉行十六明点教言。这个教言的传承系单传，尊者和仲敦巴传给俄·勒贝喜饶，勒贝喜饶传给阿里的喜饶坚赞，喜饶坚赞传给普琼瓦，普琼瓦又传给仁钦坚赞，开噶当派"口诀"或"教诫"一系。

普琼瓦·宣努坚赞于藏历第二饶迥之火狗年（1106年）圆寂，享年76岁。

注：

①三宝佛：又称"西方三圣"，一说毗卢遮那佛、文殊菩萨、普贤菩萨；一说阿弥陀佛、观世音菩萨、大势至菩萨。

堆隆巴·仁钦宁布
——堆隆赞卓寺创建者

堆隆巴·仁钦宁布，藏历第一饶迥之水猴年（1032年）生于拉萨西北面堆隆河流域的堆隆赛普江玛坚地方。10多岁时，他瞒着家人到琼波觉索上师处请求出家为僧。青年时，从前藏堆隆去了后藏，他先后拜喇嘛森格扎坚桑布、萨迦派高僧班智达本俦松巴等一些学者为师，广泛聆习显密诸论。当显密经论的水平有了较高水平后，开始到寺院或专设的辩经场与人开展辩论，由于他记忆力颇强，思路敏捷，辩才犀利，凡逢对手皆甘拜下风，令僧众刮目相看。一次，在这里举办了秋季大法会，聚集千余僧人，进行讲经、辩经。他也有幸参加了这次法会，在法会上巡回立宗辩经，并开始讲经说法，由于他善于学习，从字面到经义无不通晓，加之其能言善辩，在法会上表现出众，受到了与会僧众的称颂。后来从阿里地区渐次前往印度，他在一座名叫喀日寺的法苑中遇到一位比丘僧，言谈之间，那位比丘僧讲出

噶当派

几句名言:"人生短暂的道理知道者多,而断定人生者却很少,犹如鹅在水中吮乳汁,只满足自己的欲望而已。"堆隆巴一听,很有哲理,遂问道:"这是哪位上师讲的?"答道:"是觉卧阿底峡尊者所讲。"又问道:"从何传来?"答曰:"从喀日寺传来。"于是他找到喀日瓦上师,在尊前聆听了《皈依经》等法类。后按喀日瓦上师的预言返回前藏,到热振寺拜访了该寺第二任大法台瑜伽士阿尼·绛曲仁钦(1015—1078年),瑜伽士见堆隆巴是一位很有根器的弟子,答应收他为徒。从此他开始从皈依和慈悲(愿人得乐的慈心和愿人离苦的悲心)经论入手,逐渐转入其他经论,在瑜伽士处学到了许多经法。当阿底峡尊者莅临卫地时,堆隆巴用一条僧裙以应差而献,并从尊者聆听《菩提道炬论》等一些有关噶当派的经论。当时他在热振寺修学佛法时,热振寺所有的僧舍皆住满了寺内外的僧人,他找不到听法之处,瑜伽士说:"卓贡循努孟兰大师有一很好的住室,他会同情你而给予安置。"堆隆巴问瑜伽士道:"卓贡的住宅在何处?"瑜伽士说:"进入里面的狭道即是。"他到狭道里面,卓贡仅为他安排了一处地铺,他感到心满意足。他不奢望卓贡对他的照顾,而以一个普通僧人的标准要求自己,凡事自己动手,诸如自己取水,自己炒青稞、磨糌粑,自己煮面糊等。他的一举一动,卓贡上师看在眼里,暗暗看重这位既勤快又好学的年轻比丘僧，遂收他为徒，传授了许多经教。有一次，他到瑜伽士处，看见室内专设既高而又舒服的软垫，瑜伽士解释道："这是专门为觉卧敦巴（即阿底峡）铺设的，不是我自己的卧铺，因我是主管全寺政教事务的法台，不如此铺设，有损寺院的声誉。"堆隆巴自到热振寺后，一直对这位来自安多宗喀的瑜伽自在大师十分敬佩，他从这位大师先后修学显密经教8年，又从卓贡上师修学5年，经13年间的勤学苦修，已成为一位大学者。当时噶当派教授支派的开派者金厄瓦·次程巴（1033—1103年）正在闭关修持，堆隆巴虽未亲见金厄瓦之面，但在心中早对此师生起敬信。当瑜伽士圆寂后，金厄瓦解除闭关，堆隆巴遂从金厄瓦修学了尚未学到的经论。由于金厄瓦上师十分喜欢他，遂将一些不共之法也传授予他。经过苦心修持，终于出现了眼神通，亲见了本尊圣容，心中领悟了两谛（胜义谛和世俗谛）的主旨。他决心以800两黄金献以金厄瓦，其中300两用以金厄瓦上师圆寂后的法事，300两作为善后之事而在堆隆地方修建一座佛寺，以继承金厄瓦的未竟事业。金厄瓦·次程巴圆寂后，堆隆巴遂在堆隆地方创建了堆隆赞卓寺。寺院建成后，在殿内塑供了代表身、语、意的佛像、佛塔、佛经等许多圣物，并招收徒众，以佛教经典进行精心培育。当他举办讲经法会时，有300多学僧前来听讲。赞卓寺主要继承了金厄瓦的教授支派传承,大力弘扬了噶当派教授支系的一系列优良学风,因此,赞卓寺在卫地亦是闻名遐迩。

堆隆巴·仁钦宁布于藏历第二饶迥之火猴年(1116年)四月初八在兰贡寺圆寂,享年74岁,其遗体被迎回赞贡寺,火化后安奉于灵塔中,置于该寺的灵塔殿。

金厄瓦·次程巴
—— 噶当派教授支系开派者

噶当派

金厄瓦·次程巴,仲敦巴大师的第三位高足,为噶当派中教授支派的传授者,于藏历第一饶迥之水鸡年(1033年)生于后藏年区昂拉岗地方。父亲名释迦多杰,母亲利茂·益西仲是一位自性瑜伽母。幼时父母为他起名达察巴。据说幼年时他经常因害怕而啼哭,经母亲这位自性瑜伽母加持后便不再啼哭了。后来他在章都巴上师前听受《五蕴品经》后,感到自身分为五部而一切成为空性,对空性义有所悟解。12岁时,来了一位名叫贡姆岗哇的瑜伽母,他听受了瑜伽母讲授的教诫,于18岁到多隆察妥寺从玛·喜饶山巴受戒出家为僧,取法名次程巴。据说他的母亲在梦中听到白法螺的吹奏声响彻宇宙,醒后想,这孩子已受戒出家,说不定将来他的声誉如同白法螺一样响亮。次程巴在多隆察妥寺学经的同时,到聂塘去拜见阿底峡大师,并聆听了"发心论"。阿底峡大师将手放在他的头顶,用梵语诵了一些吉祥语。25岁时母亲送他到热振寺拜见仲敦巴大师,从大师学习期间,又想去印度求学,大师说:"你不要去印度,留在我这里学习佛法,我会传授经法予你。"于是他以仲敦巴为师学习"菩提道次第"及"大乘密法教言"全部。在仲敦巴处学显密经教8年期间,所有教法尽得其传,仲敦巴去世后又向贡巴哇那觉钦波学习《二谛论》《教派论》等甚深教法多种。他在此学习佛法时,生活十分艰辛,尤其仲敦巴大师圆寂后,他更是主要依靠化缘为生,禅裙破旧不堪,用皮革打满了补丁,因而人们送他一个别称——"皮裙大师"。但他对佛法的执着追求丝毫没有放松,白天学经,晚上通宵修持菩提道和密法。那觉钦波看后说:"不要把身体炼坏!"他说:"没关系,暇满难得啊,要是我不抓紧修炼,将会陷入懒惰的险境而不能自拔,会受人的轻蔑。"他还对夏域哇说:"你这辈子想不想得到暇满的人身?"并鼓励他勤奋学习、修炼。金厄瓦学经修法如同江河奔流,源源不断。功夫不负有心人,经长期修习,他终于通达了菩提道而获得了如同拂去镜子上的浮尘显出身容那样明亮的境界。相传,获得暇满人身的次日清晨,由舞自在佛手持净瓶前来为他洗礼祝福。

金厄瓦不但通晓佛教文化,还懂以印度语为主的几种外国语言文字。他自己说:"搞翻译,我有中等翻译水平。"凡其他译师来卫藏翻译的密教经典,他几乎都阅读过。他还爱

噶当派

好工巧明，心灵手巧，仿照阿底峡尊者的聚莲塔，用各种珍宝制造了许多珍贵的佛塔；用泥塑造的佛塔、灵塔聚集在一起有小山丘那么大。木猪年（1095年）58岁的他到妥念地方，在施主的资助下，修建了一座嘎玉玛（四柱）佛殿，内主供仲敦巴、那觉巴和贡巴哇三尊金身及银制灵塔，还有绿玉镶嵌的金塔一座，外面建造了三座大佛塔，并作了开光仪式，这就是后来的洛耶寺。他在这里住了6年，广收弟子，主要传授噶当派教授，故开噶当派"教授"一派。6年后，他游学各地，讲经、说法、建寺。当他来到牛仁木地方，站在一白色的片块巨石上眺望夏域的靠山时，只见此山形状像国王的顶髻，前面具足八功德之清溪绕流而过，东南方交汇处有一块具有生命力的地方，他认为是修建寺庙的最佳之地，于是萌发了为众生之利益而建一佛寺的念头，并在这块白色巨石上留下了足印。据说他在那里建寺弘法的夙愿未能实现，但后来由他的心传弟子夏域哇在这里修建了一座佛寺，叫夏域寺，也算圆了他的梦。

金厄瓦·次程巴为弘传噶当派教法贡献了毕生的精力，培育了许多弟子，其中较著名的有夏域哇钦波、多隆巴钦波、牛仁巴钦波三位弟子。他本人于藏历第二饶迥之水羊年（1103年）圆寂，遗骨供放在洛耶寺灵塔殿内，据说以前在热振寺中也有金厄瓦的灵塔。

朗日唐巴·多杰僧格
——噶当派著名佛学家

噶当派

朗日唐巴·多杰僧格,博多瓦的亲传弟子,著名佛学家,郎唐寺的创建者。朗日唐巴是其别号,本名多杰僧格,意为"金刚狮子",于藏历第一饶迥之木马年(1054年)生在彭域年贡赛玛雄地方(今西藏林周尼亚果)。其父觉沃达玛多桑,据传是无量光佛①的化身,前世转生为西藏早期三大译师之一的噶瓦贝则译师,翻译了大量佛经,为佛教做出了贡献。朗日唐巴从其舅父卓摩喀哇格西受戒出家,取法名多杰僧格。他为了以后能教化众生,在经济条件相当差的情况下,仍坚持学习三藏经论,学习时始终以三藏经论的要义与"三士道"的菩提道次第结合在一起修学。他曾拜噶当派的三位格西为师学经,主要从格西博多瓦学习"噶当六论"直到通达,另外还学习修持噶当派七种修心方法,即"七义修心教授诀窍",经实修后通达真实义。他曾依芮邬素巴修学菩提道,在洛地从金厄瓦听经时,每次在只握一把炒熟的粮食充饥后便开始静修。后游方乞食,广收门徒,最后所收弟子达两千多人。在洛地金厄瓦修佛塔时,他的500多名弟子参加了建塔工作。博多瓦临终前吩咐道:"你不要定居在一个地方,也不要自蓄财物,这两件事记在心中!"朗日唐巴曾向金厄瓦求学"慈氏五论",后将"慈氏五论"又传给弟子们学习修行。有一次他立下誓言:"愿一生中不离比丘之事,守戒律、闻思修,持之以恒。"他将方便、利益、成就全归给他人,把亏损留给自己。他说:"六道众生转生无定,无论转生到何方,不忘有情的利益才是贤者。"在给弟子们讲经时说:"眼虽失明而口还会诵经,耳聋者眼可看经文,就是失去容光而面丑之人、手足残疾之人、聋哑之人皆不失学经的能力,何况是一个五官俱全的人呢!"他提倡所有的人都可以学习佛经,皆能从佛法中受益。

博多瓦去世后,在塘仲后面作祭祀,抛撒朵玛时,一只乌鸦衔起朵玛一直飞到朗唐东面并将其放在地上。朗日唐巴也来到那里,由一位名叫释迦的头人作服侍,在这里修行了3年,不分昼夜地修持禅定,感动了这里的三位龙女,流出了修行之水,并将朗唐地方献给他,要他建立僧团,修建佛寺。他在当地头人的资助下,于水鸡年(1093年)建成一座寺院,以地名取朗唐寺。从此,他住于朗唐寺,

噶当派

为弟子们讲经说法，人们遂称他为朗日唐巴。夏域哇钦波在这里从朗日唐巴学习了《戒律论》。朗日唐巴成为芮邬素巴的再传弟子后，芮邬素巴对他说："你的修习功德并非来自其他方面，而是来自菩提心。"他按芮邬素巴之意，将噶当派修心要诀按照所缘境分为八科，著成文字，名为《修心八颂》，并广为宣讲。在任朗唐寺住持期间，他对周围的野生动物加以保护，从未伤害过它们的生命。他的声名到处传颂，喇嘛多杰丹巴对香巴噶举创始人琼波南觉说："朗日唐巴是无量光佛的化身，你到他那里求授具足戒，是你的福分。"琼波南觉来到朗唐寺，拜比他年轻许多的朗日唐巴上师求法，朗日唐巴不视教派亲疏，竭尽全力传授佛法，让他心满意足而去。

朗日唐巴住持朗唐寺多年，后交给格西年，从此依次为贡巴、格西嘎巴、轨范师藏巴等人住持。

朗日唐巴的两千多弟子中，较有名气的弟子是侠俄邦巴、白玛绛曲、雅隆久相巴、隆毛哇多德、香宗年、嘎·象雄巴、玛唐巴、尼玛哇等。仅侠俄邦巴一人，后来收弟子约千人。

朗日唐巴·多杰僧格于藏历第二饶迥之水兔年（1123年）圆寂，享年70岁。为了安奉他的骨灰，专门建了两座高大灵塔，灵塔的日月格中盛放了朗日塘巴的心、舌、眼等。

注：

①无量光佛：即阿弥陀佛，系梵文音译，又称接引佛、甘露王，是西方极乐世界的教主。其有十三个名号，除无量光佛外，还有无量寿佛、无边光佛、无碍光佛、无对光佛、焰王光佛、清净光佛、欢喜光佛、智慧光佛、不断光佛、难思光佛、超日月光佛、不称光佛。

俄·洛丹喜饶
——著名翻译家

俄·洛丹喜饶，意为"具智慧者"，是藏传佛教后弘期最著名的一位翻译大师，也是一位大佛学家，于藏历第一饶迥之土猪年（1059年）诞生。"俄"是氏族名，洛丹喜饶是俄译师勒贝喜饶的三弟却吉之子。幼时因家境贫寒而体质较差，17岁时到伯父俄·勒贝喜饶处住了一年，学习了藏文和阿底峡的经教。第二年伯父为其剃度出家并收为弟子，送他经阿里到印度、克什米尔等地求学。同他一起前去求学的有大译师赞喀沃且、琼波却尊、年译师等。他先后在中印度、克什米尔留学17年，拜班智达萨杂咱纳·巴热乎达巴扎等6位学者为师，他博闻强记，刻苦而勤奋地学习了显宗、密宗、声明学、因明学等经论及印度梵文、乌尔都文等文字和语言，成为精通者。在修学中间曾一度断了生活来源，从克什米尔给阿里的施主昂德写信求寄黄金，昂德收到信后为他寄去了足够的黄金，要求他将《因明论》译成藏文，后由他和克什米尔班智达二人共同译出。他35岁时返藏，又从西藏班智达本楚松巴、苏玛底更德二师处听受了许多经论，又到尼泊尔从阿如拉巴杂等师学习了一些密宗法，之后回到西藏开始了译经工作。他翻译了以《大般若经》《般若二万五千颂》《量论学》等为主的经典共1000多种，并校订旧译甚多。在藏族译师中属他译著最多。因他通晓几种语言文字，精于翻译，译文极佳，但他却毫无傲慢之态，十分虚心，当别人称颂他的译经功德时，他却说："我和日月一样的先驱译师相比，只不过是一颗小星星而已。"

俄·洛丹喜饶不但精于译经，还善于组织讲经说法。他先后在拉萨、桑耶、纽古那、涅岗妥、安兰木、藏江喀等地讲经。在拉萨讲经时前来听经的学者及僧侣多达一万三千七百多人，在桑耶和涅岗妥讲经时各汇集听众一万三千多人，在江喀讲经时汇集僧众二万人，在安兰木讲经时来听经的包括格西近一万人，瑜伽男女约二万人。其中讲说《庄严论》《法上部经》的上师有55人，讲说《量决定论》的法师约280人，讲说经教传法的约1800人，共聚集讲经说法者2130人，这在藏传佛教史上为罕见的讲经传法盛会。俄氏伯侄在住持桑普寺时，以讲授《量决定论》"慈氏五论"、《菩提道次第》、《中观论》为主，尤因侧重讲授因明学而形成一种浓厚的学风。经长期积淀，桑普寺成为学习研究藏传佛教因明学的中心，由此，桑普寺的名声大振。

他本人著有《道次第论》《噶当教法次第略论偈颂》等，主要译著有：《甘珠尔》大藏经中译出《不空索神变真言经真言品》《佛说不空绢索仪轨》；《丹珠尔》大藏经中译出《般若颂》《吉祥现观论释难》《吉祥胜乐轮施供仪轨》《胜乐轮坛城仪轨之略》《真实精义》《智慧迁识》《吉祥金刚瑜伽母火供仪轨》《现观庄严论》《现观庄严论注释要义》《菩萨行释难》《小观量》《大观量》《集学论次第释难》等。他培养的弟子众多，其中香泽邦·却吉喇嘛、卓隆巴·洛卓洛哲郡乃、琼·仁钦扎、哲·喜饶贝四人称为四大弟子。

俄·洛丹喜饶于藏历第二饶迥之土牛年（1109年）在桑耶玛日附近圆寂，享年51岁。

芮邬素巴·益西贝

——噶当派著名修禅大师

芮邬素巴·益西贝，贡巴哇的著名弟子、密乘修法禅师、噶当派教授派知名学者，本名益西贝，意为"智焰"，于藏历第一饶迥之水虎年（1062年）生于芮邬素（今西藏拉萨德庆）地方，成名后人们就以寺名尊他为芮邬素巴，父名香达波。据传，益西贝前世是一位修法高深的禅师，转生后虽然还是个孩子，但因前世的修行功德，已产生禅定的因缘。他从小就不喜欢嘈杂而热闹的家庭环境，独自去找扎嘉受戒出家，取出家名益西贝，成年后又从循努上师受比丘戒。

他曾在扎嘉寺管理过寺院教务一年，驻寺期间，该寺的东巴释迦慈对他说："如果你希望学到佛学知识，请不要逗留在这里，去热振寺向格西贡巴哇求学才是上策。"于是前去热振寺，拜格西贡巴哇为师求学佛法。贡巴哇开始给他传授了一个刚出家僧人必须修学的《皈依经》和施供

噶当派

朵玛的仪轨。益西贝在自己的僧舍内按上师所讲,学习皈依经教和施供朵玛的教导,半个月便学得通达熟练。一次,他手持一根线香,问上师自己应如何学习才好,贡巴哇笑道:"以前所学皆因除障之作用,现在可重学。"于是,贡巴哇将阿底峡大师的《菩提道炬论》中的"三士道之次第"如同父教子一样详尽地对其进行传授。芮邬素巴尝到了佛法甘露,不但理解了基本内容,还深入到其内在奥义。贡巴哇见他一学即悟,十分喜欢,用手在他的头顶抚摩了三下,作了灌顶加持,引导他走上共同之道,给他传授了密集金刚乘之灌顶和教言,讲说了不动罗汉本尊之灌顶法和教言,以增强其精力。芮邬素巴虔诚供奉念诵本尊的灌顶法和教言,据说他亲见不动罗汉本尊,随之羯磨也向上增益。芮邬素巴从初次拜见贡巴哇到贡巴哇圆寂之间,一直随其学经修法,成为贡巴哇的亲传大弟子。以后他又与三昆季结下法缘,尤其将博多瓦尊为应供上师,从其学经修法14年。他以贡巴哇传授的"三士道"次第为依据,汇集博多瓦之善说为集。芮邬素巴在热振寺从几位上师学习噶当派教法的经典,成为精通佛法经论的学者后,想在家乡找一僻静之处,专心精修阿底峡大师所传"菩提道次第"秘诀。

芮邬素巴离别热振寺,来到距家乡较近的哲塘地方,这里有一位以前作施主的人来服侍他,依靠一位叫郭波的温察巴（避世者）修建了一间简易禅室，住在里面开始了苦行僧的生活。实修了一段时间后，善妙之行不断增长，出现了羯磨轮。这时博多瓦在达隆召集弟子讲经，其中有十多位比丘僧患了"龙病"，即今天所说的麻风或疮疥发炎肿胀等皮肤疾病。据说皆因龙毒所致，故叫"龙病"。当时尚无治疗这种病的特效药物，只好请芮邬素巴治疗。芮邬素巴遵师之命，运用所修功法和除障法及藏医药等方法进行综合治疗，治愈了十多位患者。博多瓦十分高兴，他也用这种方法治愈了许多症状相同的患者。芮邬素巴继续按贡巴哇和博多瓦所传"道次第教论"进行修习，最后获得了殊胜证悟。他修习禅定的功夫很深，有时彻夜不眠。有人问他，你昨天晚上做了什么好梦，他答道："没有睡觉，还做什么梦呢！"有时修持禅定，一旦入定可持续14昼夜。当他睁开眼收功时，弟子们十分惊奇，赞叹不已。他的功夫越深，慈悲之心也越广大，他常常救济穷困潦倒的人和一些乞丐。他一生广做善事，利益佛教和众生。

后来他在当地头人的资助下，在芮邬素地方建了一座小寺，叫芮邬素寺，其芮邬素巴的尊号也由此而得。在这里，他除致力修持、潜修密法外，常以《菩提道炬论》等噶当派的主要教授启迪后学，尤重上师讲授，因为这些讲授，都是先德们从实践中总结提炼出来的精华，字字与经论相

噶当派

契合。如"二谛""四谛""十二缘起""菩提发心"等种种修行法门,皆是重要的教授。后来他的及门和仲敦巴的弟子金厄瓦将这种宗风共同加以发展,逐渐形成教授派系。

芮邬素巴在芮邬素寺收徒传道,博多瓦圆寂后,其大部分弟子也投于芮邬素巴的门下,牛仁巴临终前也将大部分弟子交给他培育,另有康巴隆哇的弟子,察绒的觉那巴等持律弟子、上师皆前来向他求学佛法,据说最后弟子多达二千多人。

芮邬素巴·益西贝于藏历第二饶迥之土马年(1138年)圆寂,享寿77岁。弟子们作了盛大追荐法事活动,火化遗体时出现了许多奇异现象,其中将贡巴哇用右手加持时留下痕迹的颅骨献给噶当派主寺,供奉在银制灵塔中。

侠尔瓦·云丹扎巴
——噶当派无与伦比的大格西

噶当派

　　侠尔瓦·云丹扎巴，宋代西藏噶当派高僧，著名大学者，于藏历第一饶迥之金狗年（1070年）生在藏北绒波地方一个牧民家庭，属巴察绒白族系。据传，其母亲放牧时，将他生在一块大石板上，至尊上师洛桑耶益说："侠尔瓦诞生的那块石板上有伸脚的脚印痕迹。"现在这块石板已成为人们朝拜的圣物。

　　他在父母的抚育下成长的十八年间，学习掌握了藏文的拼读法，自觉礼供三宝佛。他待人总是和颜悦色，对一些人的粗言恶行十分反感。后来父母准备为他成亲，他却不贪恋世俗情爱生活。18岁那年春天，他逃离家乡，到隆雪地方出了家，取法名云丹扎巴。在这里又担心父母派人来找，遂从隆雪又到隆雪苏布地方，此时格西金厄瓦大师正在这里闭关修习。金厄瓦见他是一位能持噶当派教法的人，十分高兴地收他为徒，传授了许多佛法给他。这时他听到后藏地方卓弥译师在传授四续部密法的消息后，想到那里拜师学习密宗法。这年夏季，他来到达隆塘，拜见了博多瓦格西，向他求学佛法。博多瓦将他看作自己的亲传弟子，像爱护眼睛一样爱护他，以三世佛以来的大论典及佛说八万四千法蕴，以及"菩提道次第修持法"相结合，对他进行讲授；从开始学法修习到最后取得成果的整个过程，皆用佛学教言和诸开轨大师的经论作为理论基础进行指导，使侠尔瓦受益匪浅，放弃了前去后藏学习密法的打算，一心从博多瓦大师修学佛法。18年来，他从博多瓦学修"菩提道次第教导"至通晓精熟，他学习了弥勒著的《现观庄严论》、印度论师释迦僧格著的《经庄严论》、印度佛学家马鸣著的《三十四本生传》、希哇拉著的《入行论》《集菩萨学论》等，都与"菩提道次第"和"噶当六论"相互印证而学。另还攻读了印度论师龙树著的《集经论》《宝性论》《中观论》及嘎玛拉西拉著的《修道次第论》等名著。他聪明好学，据说他把《甘珠尔》大藏经都能记忆于心。他博览群书，能将所学运用于讲授经论和修习的实践之中，遂成为一位知识渊博的佛学家。他讲经时广征博引，循循善诱，因此前来听经的僧人众多，其讲经总博得僧人称颂。

在噶当派教法方面，他首先到阿里拜见阿底峡尊者，从尊者学习"菩提道次第"的全部教法，直到尊者在聂塘

噶当派

圆寂，一直从师聆听显密诸论。后又从仲敦巴、博多瓦学习噶当教法。仲敦巴和博多瓦谢世后，博多瓦的弟子大多跟随侠尔瓦学经。他设座专门讲授"菩提道次第"时，前来听经的僧人达3600多人，常追随他的僧人有2000多人，他要求弟子严守戒律，勤修"三士道"。他常对弟子说："既然已出家皈依佛门，就不要再贪恋世俗，农民子弟出家后，不要再想稼禾之事，牧民子弟出家，不要再想放牧牲畜之事，尤其受比丘戒后，一定要断除一切欲念，发菩提心，专事菩提之道，一切按戒律条例要求自己，才算是一个真正的比丘僧。"他是这样说的，也是这样做的。他从不接受信仰者供奉的财物和其他遗物，即使接受了，也全部用于供奉三宝、佛事活动和僧人生活方面，自己分毫不留。一次，一位施主准备给他敬献刚收割的庄稼，他说："我一点儿也不需要，请你布施给僧伽大众，作为他们的生活费用吧。"他甚至对寺院也不留恋，随居而安，不讲究衣食住行，只讲究"三士道"的修持。他从不亲近有权势的大人物和地方头人，而对一些有学问的佛学家和翻译大师却十分恭敬。他讲授《究竟一乘宝性论》[①]时，是按阿底峡和那措译师的译本而讲说的，在经院中也讲一些俄译师的译著。巴察译师从印度返回西藏后，将龙树论师的《中观论》译成藏文，并给弟子讲授《中观论》，来听讲的僧人不多，他知道后遂将自己的许多弟子交给巴察培养。他阅读巴察所译的《中观论》藏译本时，曾给巴察寄去"某处某处似应如此如此翻译较与原文相符合"的字条。巴察觅得梵文原本逐一对照后，果如侠尔瓦所说，再恰当不过了。他多次赞扬巴察译师弘扬《中观论》的讲说，并作巴察译师的真正助友。他寻找到热振寺中保存的阿底峡的《经集论》原著，愿作译经的施主，交由喀且咱玛雅阿论达、巴察、尼玛扎巴译师、库·多德巴等人译出。

侠尔瓦每讲一部经论时都事先将其写成讲稿或整理成笔记，然后进行宣讲，再补充不足之处。久而久之，他所写的讲稿和笔记经整理后，成为这一经论的注释部分，如宣讲《菩提道炬论》时所写的笔记成了这部著作的广疏。他著有"菩提道次第"大、小两种教导之教科书及《博多瓦传偈颂》等。

侠尔瓦·云丹扎巴一生广做有益于佛教和教化有情众生之事，于藏历第二饶迥之金鸡年（1141年）十二月二十六日在白耶齐哇隆圆寂，享年72岁。

注：

①《究竟一乘宝性论》：简称《宝性论》，系"慈氏五论"之一，弥勒著，是依据《如来藏经》阐述大乘见的一部论著。

夏域哇·循努沃

——夏域寺创建者

夏域哇·循努沃，本名循努沃，意为"童光"，乳名本达，噶当派著名修密大士，夏域寺的创建者，夏域哇钦波为其尊称。藏历第一饶迥之木兔年（1075年）生在堆龙（今西藏拉萨堆龙德庆西北）阁果地方，父雍仲巴，母江萨金布为堆龙巴之妹。7岁时堆龙巴给他传授了许多一般性经文。此时，父亲去世，其母携带家中一部《宝积经》①改嫁，本达的生活由姑母照料。他12岁到查陀寺由那觉巴的弟子贡巴绛扎任堪布，金厄瓦的弟子益西嘉参作轨范师受戒出家为僧，起法号循努沃。13岁时他管理过一年阁果隆寺。14岁母亲患病时，前去为母亲之事念诵《皈依经》和《发菩提心经》，母亲去世后，他厌烦一切尘世，于是到玛卓色地方去拜见堆龙巴，从师听受了《集学经》《入行论》《道次第秘决》等许多论典，大部分能通晓其义。他为堆龙巴作侍从5年，一次师徒二人到雪巴去会见金厄瓦，一见面，

噶当派

金厄瓦说："他是阿底峡和仲敦巴事业的继承者。"遂留循努沃在自己身边。循努沃侍奉金厄瓦9年,其间学到了许多显密经论和教法,经过一段时间的刻苦修习,生起生圆两次第。有一次堆龙巴来见金厄瓦时问道："这个小僧人怎么样？"金厄瓦说："此子的信心和智慧生来就那么宽阔广大,犹如矛杆在半空旋转而周圆。"金厄瓦寿终后,循努沃筹措了12两黄金,堆龙巴又赠送给他8两,共20两黄金分别献给普琼瓦和博多瓦二师,从二师学习了《噶当经论》《菩提道炬论》及其一些教言秘决等。在这里亲见观音菩萨和其他一些菩萨的圣容。一次外出朝圣巡礼时遇到了轨范师纳波达哈,相互讲说了一些经论,到一寺内礼供时见到了空行母尊容。后来由切俄巴任堪布,喜饶贝任密教师,芒热任屏教师,为循努沃授了菩萨大戒（具足戒）,之后他又在朗巴、嘉·喜饶贝、喜饶喇嘛等上师处先后四次听受经论。他29岁时到僻静地静修4年,后来应宣达玛热扎之请到僧伽法会上讲经弘法。

这时他想建立一处自己弘传佛法的道场,夏域正好有一处这样的理想之地,由欧尊夫妇掌管。该夫妇二人将这块地献给夏巴,夏巴又献给朗日唐巴,朗日唐巴因其他原因不愿建寺,复交给夏巴,最后夏巴献给循努沃。循努沃对该地作了很好的加持后,动员自己的弟子们一起动手建寺，并于水蛇年（1113年）建成一座内有12根大柱的高大殿堂，木马年（1114年）建成42根柱组成的廊房（赤康）寺院，回廊由上回廊和下回廊两个部分组成。以后又建其他佛殿、寝室及僧舍，共花13年时间方才圆满竣工，寺名以地名而得，名夏域寺，因此人们尊称循努沃为夏域钦波。

在寺院的高顶大殿中，供奉了70余部《十万般若经》，上齐天花板，下至地板，几乎都装满了经卷。灵塔殿内供奉装有金厄瓦心脏的银制灵塔等，这些工程完成后作了盛大的开光仪式。此寺在今西藏隆子县东。

寺院建成后夏域钦波开始巡回讲经传法，他到过许多寺院庄园和山野平地，广收门徒约2000多人，经精心培育，后来有许多皆成为大成就者。有生起三摩地者500人，成为佛学界善知识者110人。这些人中有外九大师，中八大师，内三大得意弟子，噶举派的重要人物塔波拉杰大师也曾向他学习过佛教经论。

夏域哇游学期间，给一些寺院新建的佛殿和佛塔作了开光仪式，并提倡噶当派僧人学习密宗佛法。他说："噶当派僧人中只学显宗，不学密宗者居多，许多噶当派格西也不懂密法，有人即使懂一些密法，但未能真正获得密法教言和修习果位。"所以他每到一地不但讲授噶当派经论教言，

噶当派

还传授密宗法。一次，正值侠尔瓦住在叶贡寺期间，他前去拜见，二人甚是投缘，谈论了一些经论，临行时侠尔瓦还送了他一程。夏域哇说："不久的将来我们会在极乐天会面。"侠尔瓦说："你我都不算老，还会见一面。"谁知这竟是最后一次会见。

夏域哇于藏历第二饶迥之土马年（1138年）十月十八日，对亲近弟子作了一些遗嘱后，在夏域寺自己的寝室内作跏趺坐而凝神注视，对贡巴绛那略作亲切姿态地说道："我应作狮子卧状。"于是他的天门有大股热气向上腾起，头顶汗珠下滚而示现圆寂，终年64岁。遗体火化后遗骨上显出右旋白法螺、尊胜塔、度母像等圣物图案及一些舍利子。

注：

① 《宝积经》：全书四十九品，分由梵文、汉文及于阗西域其他文字译成藏文。

拉隆旺秀
——教理佛学大师

噶当派

拉隆旺秀，出身于名门，系吐蕃赞普之后，雅隆觉沃世系王室，其中"拉"是众生怙主的意思，他于藏历第三饶迥之土虎年（1158年）正月十五日清晨出生在红宫中，父亲觉沃纳觉，母亲娜南木萨华珍。幼年时就显现心地善良、举止温和等特点，且喜欢佛教正法。8岁时从古日哇钦波受近住戒①，并从此师求得了法行之教言，每日背诵教言，从不间断，以佛法为行为准则。后来他自思道："我出生于名门，且物质丰厚，生活优裕，其他人却每天为名利地位而在忙碌，但时不待人，转眼即逝，人生无常似虚空闪电，我贪婪荣华富贵而虚度一生，难道不可悲吗？"他在十几岁时，就悟出了世间和人生的深刻道理，还常常听说先哲们所做的伟大事业，不由产生出离心，欲离开这个幸福之窝，皈依佛门，为弘传佛法做一番事业。

14岁从古日巴上师受居士戒②，15岁邀请嘉都的堪布鲁嘎、格西藏巴琼波二人，由鲁嘎任轨范师，琼波任堪布正式剃度出家，取法号香曲仁青，意为"菩提宝"。给二师献礼聆听《戒律论》《偈句五十首》，他经学习后全部熟记于心，之后对沙弥律仪《毗奈耶三百颂》反复学习了两遍，通晓了这部律典。他以《戒律论》为学法的依据和基础，在学习"三藏论典"时皆无难而通。此时，他开始对一些具缘的学法者讲授戒律学。一次，他见到了夏·切喀巴·益西多杰的塑像时问道："这是谁的像？"别人说是切喀巴的身像，他即刻虔诚地顶礼。当他听说色古吉布哇·却吉坚赞尚健在时，前往色吉布寺拜其为师，学习文集注释及"菩提道次第教导"等教授，并进行修持，之后又学习《嘉哇郡乃文集注释》及"噶当六论"等有关菩提道次第秘诀、经典，根据修行次第依次实修。上师对他的学习和修持十分满意，在寺僧人为他修建了一间茅屋，供他住修。24岁时，上师却吉坚赞说："你该受具足大戒了。"于是请嘉沙岗的堪布任亲教师，相师任轨范师，涅师任密教师给他授了比丘大戒。

当喀且班钦·释迦室利由卓普哇等师迎请至卫藏时，他慕其名而前去拜见，学习了许多共同之法类，另外还从许多善知识者学习《甘珠尔》大藏经，从中学到了许多佛陀的教敕。他在修学噶当派诸论典的同时，还兼学西藏所

噶当派

有先师们的经论、文集、教法史等论著，对这些论著进行对比分析研究，从中采撷了全部佛教经典要义，从而排除了惰性和一切杂念，专注于积福德资粮和净治罪恶的修习。他首先见到了八大药师佛的圣容，之后又见到了释迦佛祖和多位菩萨的圣容。到拉萨大昭寺朝礼释迦牟尼佛像时，他感到释迦牟尼佛像的心间发出一道佛光射入自己的心间，由此，他对修持佛法坚信不疑，废寝忘食地修炼大悲观音菩萨的菩提心，经过一段时间的修习后，又见到了观音菩萨的圣容。在卫藏，有一种周围画有拉隆叔侄的身像而正中绘有十一面观音身像的唐卡，据说就是根据拉隆见到观音圣容的传说而绘制，后来变成了这种唐卡的绘画风格。

经过长期修学，拉隆旺秀熟练地掌握了多种教理和《甘珠尔》大藏经的基本教言，成为当时佛教界的权威。"教理"一词藏文为"隆柔"，取其名的第一字"拉"和"隆"字合称"拉隆"，"旺秀"是藏语，意为"自在"，因此，当他成名后，人们敬称其为"拉隆的旺秀"，即"拉隆的自在大师"，或"成就师"，简称"拉隆旺秀"，这是他名字的由来。一些遍知大师赞颂他是"智美隆阁旺秀克贝却"，意为"无垢教理自在大智者"，又称他"拉钦波"。吉布哇去世后，从金狗年（1190年）开始，他住持吉布寺和切喀寺两座佛寺的教务，在寺内大兴噶当派经典支派的宗风，治理两寺直至水龙年（1232年），共43年，其间两寺一直保持良好的修学之风。

拉隆旺秀于水龙年（1232年）正月十五日圆寂。其著作主要有《宗派论广疏》（原著是切喀巴所作），《修心笔记广论》等。主要弟子是拉·卓维衮波。

注

①近住戒：简称斋戒或近住戒，在佛教徒定期内一昼夜中受持的一种别解脱戒。

②居士戒：亦称优婆塞戒，指在家的男性佛教徒实行的"五戒"，即：不杀生、不偷盗、不邪淫、不妄语、不饮酒。

朗隆巴·尊哲元努
—— 夏域寺第三任大法台

朗隆巴·尊哲元努，拉萨堆隆楚吉冈拉地方人，于藏历第二饶迥之水兔年（1123年）诞生。其父名努·多杰赞扎，母名霍尔萨姆。在他童年时，幼小的心灵中就自然地产生了一种因缘关系，从那时起他就坚信善恶因果，厌恶人间的轮回转生，尤其对生活在贫苦环境中的芸芸众生产生极大的慈悲之心。18岁时，他到夏域寺从该寺轨范师宁莫哇上师受出家居士戒，之后从巴察译师受沙弥戒，赐法名尊哲元努，意为"精进童"。他在宁莫哇上师处，于七年的时间里相继修学了"菩提道""萨迦派道果法""律经"等有关方面的经论。当经论学到半途中，上师宁莫哇于教授之时圆寂。他在很好地办理了上师后事之后，于25岁时，由夏都任亲教师，恰贝任轨范师，敦巴曲却任密教师且在具数比丘僧中受了具圆大戒，成为一名真正的比丘僧。他又师事格西岗巴，用8年时间

噶当派

修学了《根本堕罪广疏》。他从藏巴·仁钦南喀多杰请教《中观论》中的许多疑难问题,真正弄通了中观经论的要核和实质,同时又聆听了阿底峡尊者讲传的密乘方便道、世俗谛和胜义谛之道,也学习了因明、俱舍、般若等方面经论。通过对这些佛教显密经论的勤奋修学和悉心研究分析,方才彻底领悟,内化为自己的知识,成为一名真才实学的智者。有一次,他和几位僧友被邀至俗家念经,念完经在返寺的途中遇上了几位穷困潦倒的讨饭者,他顿生怜悯之心,将俗家所献布施全部舍施给几个讨饭者。僧友们见他慈悲舍施,也将所带钱物布施给了那几个人。

经师藏巴·仁钦南喀多杰圆寂后,朗隆巴·尊哲元努于水马年(1162年)被僧众推上了夏域寺的大法座,为夏域寺第三任大法台。他任法台长达32年之久,其间对夏域寺建筑的修缮从未中断过。他护持教法和众生利益,从不征收教民的赋税,相反,凡来寺乞讨者决不令其空手回去,有的僧人打趣道:我们的寺院成了慈善地。另外他特别重视寺院的闻思修、讲辩著学风,培养了许多卓有成就的弟子。在任期间,他抽时间到朗隆静修地潜心修持,获得了悉地成就,以此人们称他为朗隆巴,意为朗隆的修禅大士。

他一生学佛修法的夙愿完满后,于藏历第三饶迥之水牛年（1193年）在夏域寺摄色身入法身而示现圆寂，享年71岁。寺内设有他的灵塔。

拉·卓维衮波
——著名大教主

拉·卓维衮波，吐蕃赞普之后裔，雅隆觉沃王室，故称"拉"，意为"众生怙主"。父亲觉保，母亲拉吉赞木朗金是拉枳岗波之妹。于藏历第三饶迥之火马年（1186年）出生在红宫中。

6岁时，他在郭·杜瓦增巴（持律）大师处受近住戒。后来他将王室视为软禁人的牢狱，遂产生了出家离俗的念头。16岁时，他冲破贵族家庭的束缚，前去切喀寺，从叔父拉隆旺秀受居士戒。同时，请求觉摩隆寺的创建者巴德罗汉任堪布，卓萨乃丹任轨范师剃度出家，并受沙弥戒，取法名旺秀沃。19岁时，经请求由博多寺格西勒敦担任堪布，从苏古多地方请来善知识嘉察作轨范师，觉尊任密教师，依戒律仪轨为他授了具足大戒，并从师学习了《戒律论》。之后他从叔父拉隆旺秀修学了许多显密法类，尤其对阿底峡师徒传承中博多哇所传噶当经典及"秘决菩提道次第""止

噶当派

观所缘""耳传秘决"等修法进行了全面学习而成为通达者。叔父归天后,由他住持吉布寺和切喀寺,先后住持两寺长达27年之久。其间按叔父的管理方法和制度很好地管理了两寺的教务和讲经传法事业。

在此期间,经噶当经教派的诸学者共同商议后,将博多寺和分寺都献给他,归其管理;工布地方的以达巴、布曲、夏隆三座寺院为首的30座寺院也交付于卓维衮波,委托其管理;塔布地方以拉达、甘纳摩雪两座寺院为首的一些寺及寺属农奴,也委托他管理。后来很长一段时间内,诸寺的管理者和僧官均由卓维衮波全权委托任命。有涅地方的桑波且寺邀他前去主持该寺大佛塔的开光仪式,桑波且寺主把该寺及其属寺奉献给他,并由他来掌管这些寺院的钥匙。又有一次,应邀前去绒孜噶寺主持该寺大灵塔殿的落成典礼,他又接受了该寺及其属寺的管理权。可见卓维衮波当时的声誉和地位之高,权力之大。由于他治寺有方,且注重抓管寺僧对显密经论的学习和修持,并在春夏秋三季法会期间,对寺僧进行考核,奖罚分明,广大寺僧对他十分敬畏,从这些大小寺院中也培育出了许多德才兼备的噶当派传人。

卓维衮波虽身负许多寺院的管理重任,但他始终没有放松对显密经典的学习和修持,在学习"菩提道次第"的同时，学习修持"金刚密法"，他亲见许多本尊尊颜，尤其修习忿怒马头明王法后出现马头明王的幻身，在雅隆的贡波日山上亲见森格扎（莲花生）的尊容。

后来萨迦法王八思巴从内地返藏时，有意将来迎接他的其他学者留在后面，而单独与卓维衮波说："我不想和你分离，我们同行吧！"遂和卓维衮波一同来到夏颇章。八思巴对卓维衮波非常敬重，二人讲说经论，谈吐投机，关系十分密切。

拉·卓维衮波在对佛教界，尤其在对噶当派寺院的管理、寺僧的培养，以及对地方诸大人物作了许多有益的大事后，于藏历第四饶迥之土羊年（1259年）在吉布寺圆寂，享年74岁。众弟子为其后事做了盛大佛事活动。火化遗体时遗骨上出现了佛像，他的慧眼被供奉在吉布寺一尊金像内，心脏被切喀寺供奉于大灵塔中，其骨灰中还出现了四个右旋白法螺，也分别被迎入几座寺院内供奉。

恰巴·却吉僧格

—— 『辩经』制度首创者

恰巴·却吉僧格，意为"法狮"，西藏桑普寺格西中一位精通因明学和中观论的佛学家，卫藏佛寺中辩经制度的首创人。他生于藏历第二饶迥之土兔年（1099年），卒于藏历第三饶迥之土牛年（1169年），在世71年。

恰巴·却吉僧格成年后从堆龙嘉玛哇香曲扎等格西多人学习显密经论和其他文化课知识，尤对因明学和中观论表现出特别的兴趣，最后终成一名学识渊博、能言善辩的学者。他担任桑普寺第六任住持，住持桑普寺长达18年之久，声誉很高。在总结前人讲辩考试经验的基础上，于桑普寺首创了辩经制度，开辩经的宗风，是值得称颂的。其实学习佛教经典时采用辩论的方法，早在古印度的佛学家龙树师徒和法称师徒中被广泛应用，都认为是学习佛法，尤其是佛教哲学学习的一种行之有效的方法。龙树为此而专门著了《回诤论》，法称著有《辩难正理论》《释量论》

噶当派

《因明七论》等50多种著作,书中论述了立宗争辩、辩论胜负等问题。当佛教传入卫藏后,在后弘期形成的各教派中也纷纷效仿此方法,但那时尚未将其系统化和规范化,未形成一种考试制度,仅作为一种辩论胜负的手段,而恰巴·却吉僧格等首先依经部师规范概括量学要义,将其分门别类,立为专科,名"摄类学"①。在学习显密经论时,他提出要弟子先学辩理,然后学习《因明》《中观》《般若》《俱舍》《律论》《戒律》等五部大论,同时把学法相学的学僧分成不同班级,让学僧们每天轮流立宗辩难。正式辩经时需具备辩证三方,即立宗者、对辩者(问难者)和裁判,并规定辩经所遵循的条例、辩经者所具备的条件、辩经双方注意的事项等,如辩论者双方的三要素:智慧具足、心机熟练、通晓经典;辩论四根本:主张、见解、戒禁和我论;辩经注意事项之三过失:内容过失、思维过失和语言过失。为了防止骄傲自满,辩论过失,特规定辩论七美德:气宇轩昂、语言温雅、语不伤人、道理犀利、不懈不骄、不舍正理、成就自他两利等。上述辩经制度和具体要求是格鲁派寺院按恰巴·却吉僧格的辩经制度经过取舍而形成的。

辩经实行问答形式,立论者坐在地上,问难者将披单缠在腰间,站于立论者前面,立论者提出自己的观点,问难者针对对方提出的论点,开始问难辩论。发问内容巨细、高深莫测，考验答辩者的知识面和应辩能力。发难一方有时可以击掌发问，有时挥舞佛珠、僧帽、手拉立论者的袈裟或拍打他的身体，场面气氛热烈而紧张。如果立论者精通经典且能言善辩，使问难者理尽词穷，这时观众鼓掌称善，辩论得胜。如果对所立之论不甚通达，或思维迟钝、不善言辩，被问得瞠目结舌，问难者乘一时高兴而拍掌高呼，甚至因行动语言过失作出各种奚落和揶揄的姿态，场外众僧随之起哄，使立论者十分难堪。所以，为了在大庭广众之下不失面子，学僧在平时学经、辩经时，在经师的指导下刻苦训练，以争取优异的成绩。

当时各大寺院掀起学习法相学、因明学的高潮，培养出了一批又一批的辩经高手和佛教哲学家。经恰巴·却吉僧格和弟子们的倡导宣传，直到15世纪，桑普寺一直都是西藏讲授因明学的中心。此外，般若、中观等学科也由桑普寺传播发展。因此，桑普寺不仅在显密和因明方面对藏传佛教各教派产生过影响，而且在整个藏传佛教的发展过程中都起过重要作用。这方面，恰巴·却吉僧格的功绩是不可磨灭的。

恰巴·却吉僧格的众多弟子中有号称八大僧格（即八大狮子）的，即藏纳巴·尊哲僧格、丹帕·玛哇僧格、枳夏·索南僧格、玛夏·佐白僧格、孜·昂秀僧格、娘占·却吉僧格、丹玛·官却僧格、涅哇·云丹僧格。据说这八大僧格皆为卓越的佛教理论家。恰巴·却吉僧格吸收了说一切有部经论的教义，对印度月称大师的教法提出了很多反驳意见。敢于对学术权威提出不同意见的在卫藏也仅有他和绒敦·玛威僧格二人。

《汉藏史集》一书中记载，萨迦第五祖八思巴在甘肃河州时，曾邀请恰巴·却吉僧格及其弟子藏纳巴·尊哲僧格等至河州为八思巴授比丘戒，并从几位授戒师聆听了噶当派的一些教法。

恰巴的著作有《慈氏五论注释》《因明释》《中观二谛注释》《中观饰注释》《中观明论注释》《入行论注释》和《量论如意除暗自注》等多部。

注：

①摄类学：对因明如启门钥匙，为初学法相理论者必读本。书中分有十八或二十一广摄类学多种，为现格鲁派寺院中学习辩经时首先教授的内容。

夏·切喀巴·益西多杰
——切喀寺创建者

噶当派

夏·切喀巴·益西多杰，噶当派著名大堪布，切喀寺的创建者。其家族为"夏"氏，切喀巴是他的尊称，本名益西多杰，意为"智金刚"。他于藏历第二饶迥之金蛇年（1101年）生在前藏墨竹地方，又有出生于洛若地方之说。父亲帕巴加，母亲索南吉。少年时他到洛若拜会热琼哇上师，并在此住了两个月，从热琼哇聆听许多教授、教言等。从洛若返回自家时，热琼哇说："你住在这里学习佛法将会对你大有益处。"益西多杰回家后遂将行李、书籍等驮在一匹青马上来到洛若新区，在这里他遇到了正在讲经的涅巴大师，请求出家。21岁时，在洛若由泽沃任堪布，秋仁钦姜任轨范师为他剃度出家，取法名益西多杰。多杰赞布热举行的一次转法轮会上，邀请热琼哇去作祈福禳灾的法事活动，他作为热琼哇的侍从也来到这里。在法会上，热琼哇作了20多次火供仪式，进行祈福禳灾。之后，以俄译师为首座，一些三藏法师讲说《中观论》和《唯识论》，一些格西讲演宗派论。益西多杰听了这次教法讲演后，心中顿然生起信解而求学佛法的信念，对宗派论的讲授尤感兴趣，准备对此作一番分析对比研究。于是在这里从戒律师察绒巴和达波藏都巴等师受比丘戒，是年23岁。

一次，在雅隆举行的法轮会上，从格西赞巴学习了《经庄严论》，先后学习听受了6遍，附带学习了有关注释。切喀巴·益西多杰因为出生在一个密宗咒师家中，他看过父亲的许多有关旧密宗的经典；从热琼巴上师还学习过噶举派名僧米拉日巴的教言，以及新密续和密续注释等大量著作；从格西赞巴和夏域哇等多位上师学习"三藏经论"，特别是对"四部宗派论"进行了深入研究学习，并由此参阅学习了近百部显密经论，皆善巧通达。后他又从格西娘久香巴学习朗日唐巴所著《修心八颂》，从麦勒巴学习了芮邬素巴的"道次第论教导""声闻乘及菩萨地"等方面的经论达4年，从格西多巴学习了《小册青史》5年，从哲索塘巴听受古印度佛学家也协多吉著的《金刚摧破陀罗尼经》等，所学经论无不精通。30岁时，他来到雪康巴拜会侠尔巴大师，求学"修心论"，因对修心论有许多疑问之处，是为执经问难而来的。一次，其他僧人都赴僧宴去了，他留在寺中看见侠尔巴大师绕塔巡礼，他遂上前向大师求教修心论，

噶当派

师徒二人就修心论中的疑难问题以一问一答的方式进行学习，使他逐步理解领会，解决了许多疑难问题。他前后从侠尔巴大师学习了12年，在学习修心论的同时，还学到了阿底峡师徒的密宗要法。侠尔巴大师将"菩提修行秘诀"毫无保留地全部传授予他，经学习和修持，终成一位大乘佛教的密主。

益西多杰对侠尔巴大师的《宗派论》颇有研究，他认为侠尔巴大师的宗派论观点没有任何偏见，在当时，如此精通宗派论的除侠尔巴大师外尚不多见。侠尔巴大师去世后，他在僧伽大会上宣讲侠尔巴大师的《宗派论》，并为部分求学的僧人专门讲授《宗派论》之难点、"道次第教导"等，对个别有缘的弟子还传授修心教授方面的秘诀。后来他根据侠尔巴大师的《宗派论》，结合其他的观点，提出自己新的观点，著成了比较权威的宗派论新作，后由拉隆旺秀对此作了注释。他学习了"修心论"后，综合《大乘修心耳传广义》的全部，总结出"七修心要点"：预备位中思维人身要义、正行位中修菩提心、转逆缘为菩提道用、总论一生实修、修养标准、修养誓戒和修养学识，以此编写出《修心七义论》一书，成为噶当派和后来的格鲁派修学修心论的一部重要著作。他将该书的内容在哲普贡钦中心地区的法会上向僧众广为宣讲，是为噶当派公开在僧众法会上讲授七义修菩提心法之始。另外，他还著有一部《三种究竟教授》的书。

益西多杰晚年，在拉萨附近的墨竹地方修建了一座切喀密宗寺，并担任该寺堪布，住持寺务长达11年，他的"切喀巴"的尊号也由此而来。他在这里举行讲经传法法会达900余次。为了安度晚年，他离开切喀寺到塔普寺住修。在此住修8个月后，于藏历第三饶迥之木羊年（1175年）十一月初五圆寂，享寿75岁。

杜敦·罗哲扎巴
——纳塘寺创建者

杜敦·罗哲扎巴,俠尔巴大师的上首弟子,纳塘寺的创建者,于藏历第二饶迥之火狗年(1106年)出生在卫藏夏阁河之加喀则邬芒村杜氏家族。少年时他学习藏文拼读书写,无难而会,后拜俄措寺的堪布多觉巴钦波为师并受戒出家为僧,20岁时复从此师处受具足戒,并于此从这位堪布及其弟子嘉·都增学习戒律学,成为持律大师,因他精通律藏而著出《戒律论注疏》一书。之后到前藏从俠尔巴大师学经10年,大师非常喜欢他,将噶当派的教法全部传授予他。10年间他锲而不舍,一部一部地背诵、研习,并进行修持,门门精通,成绩名列前茅。上师俠尔巴临终前对弟子们作了遗嘱,他称弟子杜敦·罗哲扎巴为"藏巴持律师",并将未传的少许教法仅传授予他,还说:"剩余的经等下一世再传给你,现在一切应以律仪为主,应常伴随僧伽四众。"从上师谢世后的金鸡年(1141年)至水鸡

噶当派

年（1153年）的12年间，他游学讲经，随遇而安。水鸡年，他来到纳塘沟口处的洛惹地方，当时这里还是一片空地，遂建一茅屋住了下来，之后他在四比丘僧的协助下按阿底峡尊者的预言创建了纳塘寺。"纳"是藏语鼻子的意思，"塘"是平地，"纳塘"意为象鼻平地寺。相传土兔年（1039年）阿底峡应邀入藏传教，师徒一行路过此地，问其随从，山旁的平地上有何物？弟子回答说："那座山形似象鼻，平地上有一块大岩石和16只金蜂。"于是，阿底峡高兴地预言道："不久的将来，此地就会出现一座有名的寺院，16只金蜂是十六罗汉的化身，岩石象征寺院。"阿底峡大师的预言由杜敦·罗哲扎巴实现了。

纳塘寺创建后，罗哲扎巴继承弘传噶当派所传教法和迦湿弥罗班钦释迦室利所传戒律，遂成为噶当派有名的道场。纳塘寺有一座印经院，是藏区三大印经院最早的一座。13世纪晚期，该寺僧人觉丹柔贝热智和卫巴·洛色桑杰恰巴等把散藏于西藏各地的《甘珠尔》和《丹珠尔》大藏经底本收集整理成一套完整的大藏经。第十三饶迥之金猪年（1731年）由藏王颇罗鼐·索南多杰任施主，刻印了《甘珠尔》大藏经一百函的印版，此后相继刻了《丹珠尔》大藏经二百二十五函的印版，分别于金猪年（1731年）至水狗年（1742年）完成，由七世达赖喇嘛和五世班禅加持后，存放在纳塘寺。连同刻印有释迦牟尼生平卷轴画二十五幅的印版及一整套宗喀巴生平卷轴画的十五块印版,将这些版本统称纳塘版,是藏区最早的木刻版。

杜敦·罗哲扎巴住持纳塘寺14年,制定寺规,招徒传法。晚年将法位传给多敦喜绕扎巴,自己去拉多绛的达德曲隆地方修行。藏历第三饶迥之火狗年(1166年)十二月十三日圆寂,时年61岁,遗体安奉于纳塘寺弥勒殿之东。

钦·南喀扎巴
——噶当派一切智者

钦·南喀扎巴,藏历第四饶迥之金马年(1210年)出生在娘多敏珠克地方,系赤松德赞的大臣钦·多杰哲琼家族,"钦"为家族姓氏。该师年轻时从卓·杜孜扎受戒出家为僧,后由华旦卓茂等师授具足大戒,拜华旦卓茂、绛敦、钦·洛丹年美、桑杰贡巴等四位大修士为师学习噶当派教法,从格西岗巴闻习绛散达瓦坚赞所传有关"正见秘诀"等的经教,成为法主,住持纳塘寺长达36年,其间在寺内弘传"三藏经论",博览显密经典,开阔眼界,增长知识。他对几部开派大师的经典著作进行注释工作,著有《俱舍论注释》《菩提道根本论详注·珍宝之道》《法轮源泉》等著作。他一生的精力主要放在讲经传法、培育僧才、管理寺院、增建殿宇等方面,故著述较少,但还是受到法王八思巴等雪域诸贤哲的推崇,认为他是十六罗汉之一的化身,因他通晓藏医学,也有一些格西认为他是药师佛的化身。总之,人们

噶当派

将他这样一位学识渊博、佛法高深的学者奉为各种化身，说明其慧性是从转世时随缘而来，因此不论学哪一部经论、哪一门学科，他皆不甚费力便能达通晓。慕其名的八思巴大师，编定大藏经的觉丹热智，卫巴洛色师徒等知名学者也曾拜他为师学习佛法。《噶当教法》中赞誉他说："你的心胸、功德犹如天空一样宽阔，二世遍知佛统管着众生。""钦一切智者"之美名在雪域各地传颂。他是纳塘寺的第七任住持，寺内有一尊能言弥勒佛像也是他任住持时出现的奇迹。他的著名弟子除上述之外，还有加那扎桑、江惹班钦等。他带领弟子在纳塘寺继承和发扬了俄译师伯侄和恰巴·却吉僧格学习因明学的宗风，这种良好宗风在纳塘寺被一直弘传下来。

藏历第五饶迥之木鸡年（1285年）四月十四日，钦·南喀扎巴往生净土，时年76岁。纳塘寺灵塔殿中第五座涂有釉子的灵塔即是其灵骨塔。

侃隆巴·仁钦僧格

——寺院建设功勋者

噶当派

侃隆巴·仁钦僧格，又名格西侃隆巴，西藏彭域年波嘎沙（今西藏拉萨和彭波之间）彭域年曲流地方人，于藏历第四饶迥之水龙年（1232年）出生。父亲卫·那觉公保，母亲香坚尕娅。12岁时，赛木仁波切驻锡夏域地方时，侃隆巴前往拜其为师，首先上师为他披剃出家，之后为其授近事戒，赐法名仁钦僧格，意为"宝狮"。在从赛木仁波切7年的学习中详尽地学完了整个会传（"会传"就是上师对广大僧侣、信徒公开讲说的佛法），还从堪布央瓦和轨范师若玛瓦二师修学戒律方面的经论，他将所学戒律付诸自己的一言一行，从不犯过。19岁时，他来到当时前藏著名六大寺之一的觉摩隆寺，该寺全称"觉摩隆噶丹曲觉林"，位于堆隆德钦境内的拉姆齐地方，于藏历第三饶迥之土牛年（1169年）由噶当派高僧巴德罗汉·库敦宗哲旺徐创建，后经陆续扩建成为一座噶当派大寺。明代，宗喀巴大师经常到此寺从师学经、辩经。侃隆巴·仁钦僧格到该寺，由觉摩隆巴·修波、轨范师拜瓦、屏教师旺巴等师为他授了具足比丘大戒，并从几位授戒师修学了《杂阿含经》等的教言及秘诀多种，同时依所学密法进行闭关实修，一段时间后，获得大手印成就。25岁时，赛木仁波切圆寂，作为该师的著名弟子，他为上师举行了盛大追荐法事仪式。之后他被夏域寺迎至寺院，登上了夏域寺第六任法台的法座，成为该寺住持27年之久。其间不仅精心培育佛学弟子，还提倡全寺学有成就的弟子在修持和著书论说方面狠下功夫，所以寺院中陆续出现了一批有学识的格西，夏域寺也因此名传卫藏。他对夏域寺的第二件功德就是为该寺的建设做出了很大贡献。首先他从各方集资，为杜绝佛殿下雨雪漏水而组织铜匠，制作镏金铜瓦，在主殿屋脊皆铺设了镏金铜瓦，使佛殿金碧辉煌；同时为了僧众的学经、讲经、辩经，兴建了一座宽敞的讲修院，即吉祥显宗学院；一些佛塔濒临倾斜倒塌，组织进行了修缮，并新建佛塔；在殿内修供了大量佛像，供圣物、小佛塔等代表身语意的三宝；聘请绘画师，在殿内外绘制壁画，制作新唐卡；组织寺内擅长书写的格西和名僧，缮写《甘珠尔》大藏经，供于佛殿内。卸任法台后，他先后到山南、尼洋河流域、工布、达布等地，根据各地僧俗的意愿和领悟水平，进行讲经宣法，使僧俗

噶当派

大众普遍得到了法雨的滋润,故深受僧俗的欢迎。关于侃隆巴的名讳,据说他曾到名叫侃隆的一处山间静房修持过几年,出现了大手印证悟,故取侃隆巴名号,也是获得成就的代号。

总之,在他的一生中,对夏域寺的修建工作,对寺院僧人的闻思修、讲辩著皆做出了大量工作。对外,他不分僧俗,普遍舍施法雨,令听众产生菩提心,对佛教和广大民众做出善事。这位侃隆巴格西于藏历第五饶迥之水马年(1282年)圆寂,享年51岁。夏域寺为其制作灵塔,并供奉于寺内。

觉丹柔贝热智
——最早大藏经及目录编纂者

噶当派

觉丹柔贝热智,纳塘寺高僧、大学者,于公元12世纪上半叶出生在西藏山南洛普塘地方。自幼出家,皈依佛门,曾担任桑耶寺四大佛塔之一的白塔管理者,后来到吉曲下游(拉萨河下游)拜轨范师尼玛宗哲学习有关般若的经论,对般若论有了一定的基础。在一个不祥之日,他染上了麻风病,于是来到觉敦孟兰慈诚(1219—1299年)尊前请求治疗。觉敦带他去了后藏的纳塘寺,快到寺时只见他头顶升起太阳之光,示现吉兆,觉敦见此奇景,十分欣慰。在纳塘寺,他遵照觉敦上师之言,熟读《释量论》一千遍,麻风病不治而愈,病好后进入纳塘寺经院,专心致志地修学显密经论。由于刻苦学经、辩经,他一举成为纳塘寺著名格西。13世纪晚期他与卫巴·洛色桑杰恰巴开始搜集散藏于西藏各地的藏译三藏经典,编订了《甘珠尔》和《丹珠尔》大藏经目录刻版印行。后来僧人嘉央创造了有利条件,卫巴·洛色、译师索南沃赛、嘉若绛曲本三人编纂了《甘珠尔》和《丹珠尔》,成书后藏于该寺坚木拉康殿。第十二饶迥之金猪年(1731年),由郡王颇罗鼐·索南多杰任施主,刻印了《甘珠尔》一百函,此后相继刻印了《丹珠尔》二百二十五函,分别于1731年至1742年完成,经达赖喇嘛和班禅大师加持后,存放在纳塘寺。

觉丹柔贝热智的著作有《本生传·修饰之花》《甘珠尔、丹珠尔目录》《甘珠尔目录·太阳之光》《医疗术·修饰之花》《因明论注释》等16部。其弟子较多,比较有名的是卫巴·洛色绛曲益西、尊巴加木格(或曰加尼)二人。

觉丹柔贝热智因最早编纂藏文大藏经目录而闻名于世,卒年不详。

洛扎堪钦·南喀坚赞
——第三十一代菩提道传承者

洛扎堪钦·南喀坚赞，意为"洛扎大堪布"或"空幢"，又名"洛扎智钦"或"堪钦秀多"，意即"洛扎成就者"或"堪钦金刚手"，为宗喀巴大师传授噶当派经教的上师，于藏历第六饶迥之火虎年（1326年）诞生在西藏山南洛扎旭布家族，父南喀桑布，母仁清坚，先世信奉宁玛派。据说他刚出生就能敬称如来佛号，2岁时因记忆前生之事而模仿抛撒朵玛，7岁时在叔父堪钦嘉赛处受近事戒，之后又由叔父剃度出家，授沙弥戒，皈依佛门，从其学习大悲观音法类。10岁，从堪钦嘉赛学习芮邬素巴和夏域哇传下来的菩提道法和大悲观音法、马头明王法及二十一度母法，开始出现一些证兆。13岁，为禳解厄运而不分昼夜地修行做善事。一天晚上，他在卓哇贡寺绕塔巡礼时，自身发光持续很长时间，俗人只见眼前一团火绕塔旋转。15岁学习修持戒律学，19岁赴拉萨，在大昭寺朝礼释迦牟尼像，并绕寺巡礼，

噶当派

次日晚于小昭寺回廊中歇息时,突见寺门大开,走进一身穿黑绸衣的黑脸人对他说:"你是事业金刚具乐者,到仁钦岗去见一位文殊化身的圣者。"据传,这位黑脸人就是持钺护法。因此,他遵持钺护法之授记来到仁钦岗,从仁钦岗堪布扎西坚赞受了具足戒,并求学了"菩提道修心法"和"密宗修行法"等多种经法,之后在日桑朵贝尊前听受了《戒律广释》《般若二万颂》《集学论》《觉沃小法百部》《二十一度母法类》等。他22岁时从仁钦岗回到家乡洛扎,23岁到卓哇贡寺闭关修持6个月,常常向文殊和观音二菩萨供奉祈祷。25岁从喇嘛德卫郡乃学习甚深教法,是年,堪钦嘉赛邀请孟扎哇广转法轮,他又向孟扎哇学习了"金刚手五鹏灌顶教言"和"修心法"等多种教法。31岁时,叔父堪钦嘉赛圆寂,他出资建造了叔父的金身像一尊。后在当地僧俗的请求下,他登上了卓哇贡寺的法座,主持该寺教务,培育弟子。此时,有密主说:"事业金刚,口诵经卷不成佛,无翼之鸟不能飞,阳焰之水解不了渴,海中之涸山不沉没,叔伯麦智如此言。"为他作了二十二首修心教言偈句。

70岁时,宗喀巴大师在山南仁钦岭寺从堪钦·却吉桑波闻法后,在打听洛扎·南喀坚赞的情况时,堪钦上师介绍道:"洛扎·南喀坚赞所具有的德慧,如你(指宗喀巴)所具有的智力一样,他还有一位上师是堪钦门扎巴。金刚手菩萨曾开示门扎巴说'洛扎·南喀坚赞是阿阇黎阿雅德哇和桑杰益西贤的转世化身'。"宗喀巴大师听了上师的介绍后，对洛扎·南喀坚赞也产生了极大的敬信，准备再去找洛扎上师求法。当宗喀巴大师慕名前来拜谒他时，洛扎上师前来迎接。此时此刻，洛扎上师清楚地看到绚丽的光网中至尊文殊莅临，好似一种幻觉。只看宗喀巴头顶是慈氏佛，右臂上是白文殊菩萨，左臂上是妙音天女。与此同时，宗喀巴大师也看清了洛扎上师就是金刚手菩萨的化身。洛扎上师身高膀宽，面色红润，腹部圆而鼓出，如蓝吠琉璃透明晶莹，亦有兰花蟒蛇盘绕护围。据说这副模样是显示利益众生事业之兆，是较前更为宏大的象征。茶毕，大师就在洛扎上师尊前听受了"上师瑜伽法"，众护法神环围听经。第二天黎明时分，洛扎上师耳中传来"在弥勒近前当请说《集学论》的洪亮声音"，洛扎上师领会到这是金刚手本尊给他传递的信息。早餐后，洛扎上师请求宗喀巴大师传授此经论，大师说："既然是本尊之意，我也就没有理由推辞了。"于是大师为洛扎巴上师讲授了《集学论》等诸多教法。洛扎上师对宗喀巴肃然起敬，想起自己年事已高，不能把拥有的教法带到极乐世界去，于是他给宗喀巴传授了从仲敦巴、贡巴哇到芮邬素巴传承下来的菩提道，以及从仲敦巴、金厄瓦和夏域哇传下来的菩提道这两个支派的

噶当派

全部教言。之后他又将金刚所说的不可思议的密法教导、经教、随许灌顶等毫不保留地全部传授给了宗喀巴，还为大师的一些弟子传授了许多教法，宗喀巴师徒为此受益颇多。最后，宗喀巴大师单独将《五部陀罗尼不忘经》传给了洛扎上师。据传，宗喀巴为洛扎上师传法时看见他的头顶上空有释迦佛的身影，其右是金刚手菩萨，左边是白伞盖度母。所以宗喀巴大师对南喀坚赞十分恭敬，称颂他是洛扎大成就者、金刚手菩萨的化身。

洛扎堪钦·南喀坚赞的弟子中获得敬信者有十万人，解脱者50人，获得大成就者8人，无与伦比者只有宗喀巴·罗桑扎巴1人。

南喀坚赞广做有益于佛教事业和僧俗之事后，于藏历第七饶迥之金蛇年（1401年）在卓哇贡寺圆寂，享年76岁。遗体火化后，出现的上万颗舍利子安奉于灵塔中并供于卓哇贡寺。

措纳巴·喜饶桑波

——修持『律经广疏』权威者

噶当派

　　措纳巴·喜饶桑波，13世纪初藏族重要佛学家，守持戒律的权威者，措纳上部（今西藏措纳县境内）人。据说这位证士刚懂人言时，其一言一行完全与佛法相吻合，看不出一点世俗孩童之习惯。刚到8岁时，就要求家人令其前去寺院学习佛法。一家人不同意他的要求，到后来，他看到家人管束很严，只好找机会背着家人偷偷出走，到一位名叫格西桑钦巴的尊前出了家，同时受了沙弥戒，赐法名喜饶桑波。当他学佛成名后，在法名前加上出生地名措纳二字，就成了措纳巴·喜饶桑波。他少年时处处显示出一位大班智达的风范，人们认定他是措藏大德·罗哲僧格的转世。他的身心意完全依属格西桑钦巴大师，从这位上师闻习了"噶当派六论"等大师的论著，尤其潜心修学"四种律典"，并将律典中所阐述的一切要义汇总形成编写律经的基本资料，同时学习了《律经根本律》这一重要律典，并将律经从基本条例到深刻内涵全部熟记于心。到了受比丘戒的年龄,他请求格西桑钦巴任堪布,在亲教师、屏教师和比丘僧足数的情况下,给受了具圆大戒。他从初学佛教经典之始,就热衷于律典的修学,对《别解脱戒》一书进行深入详细地研习,最终达到应用自如的地步。同辈僧侣中,他对律经的造诣可以说达到了很高的水平。后来他又赴雪山小寺以律经为重点进行苦心修持,出现了一些阿阇黎大师时隐时现的身像,连他自己也感觉到很神奇。之后他又从上师桑钦巴获得龙树和无著二圣之道,聆习阿底峡尊者入藏后所作《菩提道炬论》等噶当派经典,依此开始向他人讲说,并进行实修,出现了一些不可思议的幻景。据说喜饶桑波白天修习佛法,到夜间在幻梦中,印度二胜六严大论师的身像也不时出现,并为他轮番传授经论。梦境中,他依次从阿阇黎功德光聆听《戒律论》,从嘉色寂天(希瓦拉)聆听《入行论》,从阿阇黎世亲聆听《俱舍论》,从陈那论师聆听《因明论》,从法称论师聆听《因明七论》,从月称论师闻习《密集》,从至尊弥勒聆听《现观庄严论》等。奇怪的是,在梦境中所听受的经论到白天不但没有忘记,反而像刻版似的刻印在心中,尤其对《毗奈耶经论》的修学达到十分精熟的程度。这时连贡保依怙主护法神和善神护法也要求他著一部雪域僧众易懂、易学、易记、易行的戒律学经典，以鼓励一切闻思，并有利于培育众弟子。这时这里的许多弟子和措纳上师一起，为了更好地弘扬闻思修、讲辩著的良好学风，集资兴建了一座宽敞的讲修法苑，并奉措纳·喜饶桑波为法苑之主，登上了雄狮法座。同时他将平时所收集的有关各种戒律的资料，参考各时代开派大师们所著的经典，对其进行筛选，精益求精，编著了一部《毗奈耶根本论·日光疏》的律典。据传，当他的这部名著刚刚问世之时，就被善神护法请去，无奈之下，他又第二次编著此书，后才流传于世。另外，这位大德还著述了有关"菩提道"方面的许多著作，他按照噶当派经典支派的开创者博多瓦的传记，结合菩提道三士道的开派理论进行培育弟子，获得了讲辩无碍的圣士和律经权威者的称号。措纳·喜饶桑波一生以戒律和密集严格约束自己，并进行密法修持而获得成就，圆了掌持"密集圆满之道"的梦，显示出他以法传授弟子，以佛菩提心闻法的非凡能力。另外，他还为世俗社会的芸芸有情众生普施法雨，将他们逐渐引上解脱之道。

晚年，他教导众弟子，讲授《戒律广论》，将讲辩法苑交给高足孟扎巴后，于72岁时圆寂。

热译师·多杰扎巴
——大威德五传中首传宗师

噶当派

热译师·多杰扎巴,藏传佛教界的大佛学家、高僧和成就者,是把大威德金刚密法系列引入藏区的五大传承系统中"热"系的首传宗师。热氏是一个家族七代修炼密咒的家族。父亲热敦·贡却多杰也是一位著名的密咒师,他和一位才貌双全并有空行印记的女子——多吉华宗结为伉俪,共生有五个孩子,第三子即热洛·多杰扎巴。该师乳名叫"俄才郡乃",意为"奇异生命",又称长生金刚。后来改名为西饶郡乃,意为"慧生"。他于藏历第一饶迥前十二年之火龙年(1016年)出生在萨迦境内拉堆南部聂南木朗宇的一个小山沟。据说降生时,天正下着蒙蒙细雨,突然天空出现了无数条形状各异的彩虹和光环,虽值隆冬季节,但阳坡上却开出了许多小花。

据说该师从小就表现得与众不同,对穷苦人富有同情心,对食物、玩具从不自私,能说出"前世"的许多事情,有时还告诉人们一些与他年龄很不相称的醒世哲理,令闻者惊叹不已。他有时闭目静坐,长时间不动,似入定状。从6岁开始,从父学习藏文拼音,他很快就学会了,并将一本练习拼读的《般若集经》背得滚瓜烂熟。他的父亲做金刚橛诵经法事,他在旁边观看,事后把其父诵经的音调、节奏、手印和乐器演奏方法等都完完整整地模仿下来。

他8岁时学习印度及尼泊尔等国的文字,掌握了57种语言文字之多,并能流利地阅读。他学会了如何鉴别金银和各种宝石及辨别牛马的优劣等技能,懂得金属器皿的制作工艺,木石、陶瓷的制作,雕塑、绘画等方面的技艺,还能弹琴吹笛、唱歌跳舞,神童之名远播四方。9岁时,其父给他灌了"真实"与"金刚橛"顶,并传授了有关理论和修证知识,使其继承家学。10岁时,父亲将祖上传下来的有关"真实与金刚橛密法"的全部书籍资料和法器都交予他,并让他正式升座传法。11岁时,家人为他定亲,他极力反对,父亲多次劝道:"修密法不能没有手印女。"他只好服从,娶了当地一名门富户人家的姑娘,名盖玛绢姆。女方家尊敬上辈,家庭和睦,财运旺盛,他们每年还拿出很多钱粮救济穷人,声望很大。热洛则脾气耿直,对那些欺压百姓的地方官员和绅士老爷恨之入骨,动辄当面讽刺辱骂,一点也不客气。父亲怕他惹是生非,就让他闭关修

噶当派

炼，暂时与世隔绝。从12岁到24岁，长期闭关修真实密法，成效不大，且身心遇到严重魔障。一天夜晚，热洛梦见一位空行母前来点化，要他不再闭关死修，赶快到尼泊尔去拜访一位尊号吉祥燃灯的巴若瓦大师求取真实密法。梦醒第二天一早他便向父母说明了此事，并请求到尼泊尔拜师求法，未得父母同意。

一年后，那位空行母和十多个少女又来托梦点化："我们是你几代的护法，按去年的指示，速去尼泊尔，那里的巴若瓦大师，他能使你获得上乘成就，万勿错过机会！"说完离去。次日清晨，他又向父母说明，苦求父母放行，方得父母允准，并给他十两黄金作求法费用。同胞兄弟和亲朋邻居也皆来为他送行，赠送路费，共凑了二十九两黄金。就这样热洛辞别父母兄弟、乡亲父老，带着黄金和糌粑袋子离开家乡，踏上了去尼泊尔的求学之路。

热洛一路上跋山涉水，历经千难万险，数月后终于抵达尼泊尔道府伊让。在这里他感觉到了异国风情，朝礼了众多佛教寺庙。逢人便打听巴若瓦大师的寺院，最后一位纺织工为他指明了大师的住处。当他辗转来到巴若瓦大师驻锡的尼玛灯寺附近时，一些瑜伽修道士和尼泊尔少女前来迎接他，入寺后即刻去拜见大师。巴若大师说："去年你就该来，为什么现在才来？"热洛说明了去年未能成行的原因后，请求大师赐教殊胜密法。大师说："可以，但你凭什么求法？"热洛将所带黄金全部献上。大师说："还有什么？"他又将自己的外衣脱下，一并献给大师。大师说："还有什么？"热洛说："我把自己的身体和生命毫无保留地献给大师。"大师高兴地说："听说藏人心诚，看来果不虚传。"遂把黄金和衣服全部退还给他，并说："我要黄金做什么？你自己拿去作费用。求密法要准备会供，速去作准备！"热洛花了三两黄金购买了会供用的物品，用七两黄金作灌顶献礼，首先求了"金刚亥母法"。巴若瓦大师为热洛赐灌了"亥母顶"，并将亥母的续经、修炼仪轨和会供法全部传给了他。

事后，热洛又去拜会了尼泊尔另外几位有名的大师，并一一结缘求法，然后又去朝拜尼泊尔尚宫宝塔。途中遇到了一位邪教法师，要热洛作他的徒弟，热洛不但不肯，反而用话激怒了那个法师，于是二人辩论了起来。热洛以唇枪舌剑将那个法师辩得说不出一句话，围观的人哈哈大笑。法师临走时扬言："耍嘴皮你厉害，七天后让你知道我的厉害。"因邪教法师懂得"飞橛咒术"，回去就开始闭关修法，企图以咒术击毙热洛。到第五天时，热洛自觉心慌意乱，出现了诸多凶兆，虽然暗中作亥母法消灾，但未见明显效果。于是他将发生的事一五一十地告诉了上师，上师听后说："糟了，你遭遇的那位法师是尼泊尔三百名邪教

噶当派

法师中法力最高的一个,曾经咒杀过许多印、尼两地的佛教徒,现在必须立刻采取强有力的应对办法。我有佛顶白伞盖破邪法,足以破除这个邪道的飞橛法,我现就传给你。"第七天时,飞橛邪法被破,法师羞愧自杀。这时,热洛想,上师可能还有比这更厉害的法术,于时又到上师尊前求学甚深密法。上师说:"孩子,我再也没有其他的密法了,回去自己好好修炼吧。"热洛将剩余的黄金全部献给了上师,行过告别礼后离开尼玛灯寺去了市中心。正行走时,感觉身后有人拽他的衣服,回头看时,是一位漂亮的尼泊尔少女。她笑着说:"你千辛万苦到这里来,不就是为求到稀有密法吗?为什么要忙着回故乡呢!"热洛说:"我已学到密法,准备回去。"那位少女说:"你学到的仅仅是表皮,没有得到精华,回去耐心求教吧!"说完消失得无影无踪。

热洛为了学到更深的密法,准备先回乡筹措费用。在返途中遇到了一位熟悉的尼泊尔译师,他将想法告诉了这位译师,译师说:"这里有位大富商,身患重病,百医无效,你去为他治好病,他会给你报酬。"于是他来到富商家,用金刚亥母加持法治好了他的病,富商十分感激,给了热洛500两黄金作酬谢。他离开富商家迅速回到尼玛灯寺,但上师却不知去向。他到处寻找,经历种种磨难后终于在一处深山老林中找到了巴若瓦上师,再三向上师顶礼求传密法。上师遂选定农历初八作为传法日,届时在密林中设坛施供,午时将热洛引进文殊阎摩尊黑敌坛城,为他举行了灌顶仪式;黄昏时分为他举行了文殊六面阎摩尊灌顶;夜半时分为他举行了世尊大威德十三尊全面灌顶,并将其密续、观修次第、事法秘诀等全部传给了他。据说在灌顶过程中,热洛看到了空中众佛亲临灌顶加持的情景,并出现了奇异之光、声音和各种形状的彩虹,天空还降下了五彩缤纷的花雨。灌顶传法结束后,上师和空行、勇士对热洛又进行了加持,并作了许多未来预言。天亮时,空行一一消失,坛城、供品、用具亦不复存在,似乎是一场梦幻,只有上师一人坐在空荡荡的地上。上师对热洛说:"大威德金刚密法是一切密续的精华,具有其他密法所没有的十三种功能,上等根器的人可以即身成佛,中等根器的人临死成佛,下等根器的人也可在中阴成佛,大逆不道的恶人会被强制成佛。此法的传承者个个都是大成就者,犹如空行心血的甚深大密,我已传给了你,望你不要轻易外传,应依法一心苦修,此生定能获得幻身成就。"说完将黄金全部退还热洛,并说:"金钱对我毫无用处,原先接受供养,一是为了完成你自己修福积资粮的心愿,二是为了显示密法无比珍贵的价值。现在你可以带着黄金去供养各地的寺院和佛像、佛塔,你诚心发愿,必成大事。"说完,巴若瓦大

噶当派

师腾空而去。

热洛接受巴若瓦上师传给他的大威德灌顶和大威德法后,从尼泊尔返回故乡。回来后见妻子和家产已被地方富豪祝青巴抢走,父母也遭到毒打,几个哥哥被关进私牢。他十分气愤,用学到的大法烧毁了祝青巴和他的庄园,救回了妻子和哥哥。之后热洛来到聂南木山沟浪公崖岩洞中修炼,由尼泊尔译师和明妃对他的生活予以照料,其间降服了崖煞神等许多凶残的鬼怪。据说这时他的功法已达到穿墙越壁的境界。从此慕其名前来求授灌顶、受戒、学法的人络绎不绝,他皆满足了他们的要求。他将那些堆积如山的供养财礼全用在修寺、塑像、斋僧、修桥、修路、救济贫苦的事业上。他还花钱释放了一些囚犯,对以捕鱼打猎为生的渔民和猎人,在生活上给予补助和安置,还调解了许多地方纠纷。之后热洛离开修行洞,到各大藏区,甚至到蒙古、新疆、云南等地讲经传法,所到之处,僧俗群众皆闻名而来,请求摩顶、灌顶、加持、授戒或传授佛法。

热洛面对密咒师的强大法力,还是觉得自己所学法力不足,复与兄弟到尼泊尔求师学法。他到尼玛灯寺拜见巴若瓦上师,上师又将许多法要全部传给热洛,从此,热洛便成为无敌咒师。

拜师求法后,热洛到阿修罗岩洞中闭关密修。闭关解除后，在尼泊尔国王、大臣、学人名流的请求下，来到天刺山顶，举行了盛大法会。之后又去该国的一些佛教圣地朝拜供养，受到各圣地僧众的热情接待。朝圣后遵上师之命，同兄弟一道赴印度朝礼求法。过了恒河，来到那加里岛，朝拜了五蕴塔、阿难尊者舍利塔。他又到那烂陀寺，拜见显密圆通的著名大善知识曼杂朗瓦大慈悲尊者，请求授具足僧伽戒。遂由曼杂朗瓦为亲教师，弥赤瓦为轨范师，在84位善知识面前授了沙弥戒和比丘戒，赐法名为班支日格日蒂，藏语为"多杰扎"，意为"金刚称"。受戒后，从上师深造，学习了《因明七论》《弥勒五论》《大乘经论》《毗婆娑论》等，在仙帝瓦大师处学习了《四分律》《律藏论》等，在绕贝和库秀二师门下学习了中观诸论。此时，热洛不再是一个单纯的密法师，他已掌握显密五部大论，进入佛门大善知识之列，赐名号"智月"。

学业结束后，他离开那烂陀寺去中印度朝拜大菩提金刚座，热洛兄弟二人对菩提树和菩提塔进行了丰盛的供养。朝礼后又回到曼杂朗住了6年半，请曼杂朗瓦大师传授了《胜乐主续》《说续源流三部》《显言上续》《空行母行》《金刚空行》《桑布智》《欢喜金刚主续》《说续金刚鬘》《深密开释》《慧金刚摘集》《红色怖畏金刚五尊与十三尊续》《度母出生续》《慈悲观音》等经续和上述诸法的灌顶、讲授、修习仪轨等。学法后,热洛献黄金进行答谢,并请求上师赴藏地传法,上师答应六年后会去藏地。热洛兄弟辞别诸位传法上师和师兄弟,启程返回故乡。

二次赴尼泊尔和印度求法载誉回归后,他的声望比原来更大,前、后藏各地慕名前来求法的人也越来越多。他用供养的财物在朗域建了一座降魔寺,专修大威德法。热洛一生中抑恶扬善,所做益于众生的善事不胜枚举。如:用灌顶中敬献的钱财书写金银汁大藏经多套,并赠送给当地寺院;出资建造佛像、佛塔一千多个;治好几百个麻风病患者和其他病患者;为大昭寺释迦牟尼像镀金面,用五百驮酥油点了供灯,还捐资修复了年久失修的佛殿和壁画。据说,山南桑耶寺曾因战事失火焚毁后,他出资修复了桑耶寺。他朝拜巡礼雅拉香波、雍布拉康、念钦唐拉、岗仁波齐、玛旁雍措等神山圣湖时亦献了大量供养。他在万玛尔寺住的时间较长,出资在万玛尔山沟上部修建了禅院,中部修建了讲经院,下部修建了密法院。

他从印度返藏传法6年后,同兄弟、藏贡译师、尼泊尔译师一行共赴印度迎请曼杂朗瓦上师。他先到尼泊尔,同师兄弟一起举办了七次会供,又请巴若瓦上师传法。后转赴印度金刚座,拜见曼杂朗瓦大师,邀请大师前去藏地传法。上师接受了邀请,与他一同起程返回藏区,在前后藏传法4年多。这期间，在曼杂朗瓦上师的讲授和指导下，热洛等译师从事译经工作，将许多显密经典译成藏文。其中所译有关大威德的珍贵密续有《大威德续七章经》《四章经》《三章经》《观修仪轨和灌顶仪轨》《坛城观修仪轨》《烧施法》《故事章》《大威德三种仪轨》《亥母续》等。译经后，上师复返印度，热洛开始著书立说。他著了《大威德续七品白疏》《大威德续七品黑疏》《秘决一滴》《观修仪轨勾摄敌魂》《大威德单尊修法无垢之光》《大威德十三尊修法如意宝库》《文殊佛国盛况》等30余种密宗著作。

据说热洛大师在85岁高龄时，仍头发漆黑，面无皱纹，颜若童子，走路时步履轻健，犹如飘行水面，连同行的年轻人都赶不上。此时他仍到处传法不止，灌顶不息。150岁之前，热洛大师仍风尘仆仆、孜孜不倦地奔走各地，传播胜法，化度众生。150岁的高龄时，他才安居丹地主寺密法宫，继续讲经说法。据说热洛大师修成大威德长寿法，活到180岁时仍然身体轻便，耳聪目明，思维清晰。但他还是对众弟子说，他应该走了。他叮嘱高足他走后应继承他的弘法意志，将大威德法在藏区广为弘传，发扬光大。他于藏历第三饶迥之土马年（1198年）四月的一天安详入定坐化。众弟子在上师生前指定的地方建起灵塔，将法体葬于塔中，并举行了盛大的开光安神仪式。

后　记

　　藏传佛教高僧不仅在藏传佛教的传播和弘扬过程中发挥了巨大的历史作用，还对藏、土、蒙古等民族劳动人民创造的优秀文化的继承、发扬和传播也起了桥梁作用。在历代高僧他们的著述中除了佛学思想，还蕴藏着大量的语言、文学、诗歌、艺术（音乐、戏剧、雕塑、建筑）、哲学、历史、天文历算、医药、农牧业生产等知识。尚有一些高僧在世俗事务中以其独特的身份、地位及其在僧俗中的影响，在调解部落、地界、草山和民事纠纷中起到过不可忽视的作用。他们抑恶扬善、扶危济困，赢得了僧俗群众的尊敬。其中还有部分高僧，如萨迦派的萨班等，他们为祖国统一、民族团结、人民安定等做出过重大贡献。为便于人们初步了解这些高僧的历史概貌，作者历经多年收集藏汉文资料编译了本套丛书。

所收宗教名人，就区域和民族而言，绝非凭主观而定，而是依据现有资料决定的。结果出现了地区、民族、教派诸比例不均衡的现象。因资料来源不同，对所载人物出生年代、出生地，甚至事迹也有差异。为力求准确，笔者查阅了大量资料并加以核对，但终因资料限制和知识水平所限，有些问题还难以定论，便采用了按两种或两种以上说法基本相吻合者为准，对少数说法不一致的，也做了些交代。书中已约定俗成的人名沿用未变，少部分名讳依安多语音翻译。为了防止名讳混淆，冠在名讳前面的习惯称谓基本保留。

由于此套丛书是一套专门介绍藏传佛教历史名人生平史略的书，在辑译和编写过程中，笔者慎重地对藏文典籍中那些纯宗教化叙述的内容材料进行了取舍，特别是涉及西藏密宗中的一些具体内容，基本上采取了舍弃的态度。尽管如此，书稿仍免不了沾带宗教色彩，这也是自然的。因此，我们要用历史唯物主义和辩证唯物主义的观点去认识和剖析它，去其糟粕，吸收其可贵的东西。

2018 年 9 月

编者写于西宁